ちくま文庫

真似のできない女たち

21人の最低で最高の人生

山崎まどか

筑摩書房

真似のできない女たち　21人の最低で最高の人生　目次

真似のできない女たち　21人の最低で最高の人生

まえがき

これから私が紹介する女性たちの多くは、まだ日本ではあまり名前が知られていない。太平洋戦争後、一九四〇年代から七〇年代にかけてアメリカで活動した女性が主だが、最盛期には華々しい活躍をしたにもかかわらず長い間忘れられていたり、二十一世紀に入ってからようやくその仕事が評価され、くわしいバイオグラフィが出たり、という人がほとんどだ。彼女たちは本国においてもようやく見出されたばかりなのだ。

中にはセレブリティと呼べる人もいるが、彼女たちはいわゆる「成功者」ではないので、これは立身出世の物語を集めた本ではない。むしろ彼女たちは負け組といえるかもしれない。安定した家庭生活や経済状態とは無縁で、世間的な意味では幸せになれなかった人もいる。

この本に登場するのは、自分の夢や、ささやかなビジョンを叶えるために奮闘し、周囲や家族と軋轢を生じることになっても、頑固に自分だけの世界を守り続けた女性たちだ。その結果、壊れてしまう人もいる。信じられないような、数奇な運命に翻弄される人もいる。しかし、彼女たちの人生の物語は悲惨であるのと同時に何故か輝かしく、成功者の裏話よりも胸を打つ。

何よりも彼女たちの生き様は面白い。「何という生き方!」と喝采を送りたくなる。これだけ好きに生きることが出来たら、たとえ悲劇的な最期となっても本望なのではないだろうか。だから、どの女性の人生も不幸だとは思わない。

とことん好きなことをやり抜き、生き抜いた彼女たちは、少女の魂を失わない人々でもあった。無垢であるのと同時に、少女が持つ頑なところや不安定さを一生に渡って持ち続け、それに苦しめられた。驚くほど嘘つきで罪深い女性も出てくる。でも、自分を守るために嘘をついた彼女たちは、どこか憎めないところもある。

風変わりな女性たちではあるが、彼女たちの人生を追っていくと、今にも通ずる、女性の普遍的なテーマに行き当たる。母親との関係。女性が一人で仕事をしていくことの難しさ。独身者の孤独。世間から承認されたいという切なる願い。

彼女たちはひょっとしたら、平穏な人生を歩んでいるように見える私たちの鏡像なのかもしれない。彼女たちが映る鏡の中には、アリスが冒険した鏡の国のように不可解で、せつなくて、それでいてワクワクするような驚きに満ちた世界が広がっている。

グレイ・ガーデンズの囚われ人

イディ・ブーヴィエ・ビール

Edith Bouvier Beale

マンハッタンの東に位置するロングアイランド島の街、イースト・ハンプトンはニューヨークの富裕層が別荘を構える避暑地として知られている。一九七一年、そこでサマー・ハウスを借りたゲイル・シーヒーは、道の向かい側にこの高級住宅地に不似合いなボロボロの大邸宅があるのに気がついた。背の高い雑草に囲まれたその屋敷は地元では「グレイ・ガーデンズ」として知られていたが、ゲイルと彼女の七歳の娘はただ「魔女の館」と呼んでいた。

ある日、ゲイルの娘が近くで仔ウサギを見つけた。「魔女の館」の周辺には沢山の猫がうろついている。きっとそこの住人は動物好きに違いないから、このウサギの面倒も見てくれるはずだ。そう信じる娘に頼まれて、ゲイルは初めてグレイ・ガーデンズの敷地に足を踏み入れた。ジャングルのように草木が生い茂った庭には、錆びついた年代物のキャデラックが放置されている。窓は割れ、壁には穴が開いていて、屋敷は廃墟のようにしか見えなかった。

その時、自分の母親を呼んでいるらしい優しげな声がして、玄関から奇妙な格好の女性が現れた。年齢は幾つだろうか。五十代のようだが、きれいにメイクした顔が妙に幼い。彼女は頭をタオルですっぽり覆い、あごの結び目をアンティークのブローチで留めている。おかしなシルエットのボトムはどうやら、タイト・スカートを逆さにして穿《は》いたものらしい。

ゲイルが彼女に話しかけると、その女性の口から驚くべき事実が飛び出した。

「ジャクリーヌ・ケネディを知らない？　彼女は私の従妹なのよ」

ジャクリーヌやリー・ラジヴィルといった社交界の花を輩出したアメリカ有数の名家、ブーヴィエ家の少女の中でも最も魅力的と謳われ、「ボディ・ビューティフル」と呼ばれたイーディス・ブーヴィエ・ビールが再び世間に発見された瞬間だった。一九五二年にニューヨークを去ったきり、世間的には失踪状態だった彼女は、うつ病の母親と二人きりで、二十年以上も困窮状態のままグレイ・ガーデンズでひっそりと暮らしてきたのである。

再開発が進むイースト・ハンプトンの街はグレイ・ガーデンズの取り壊しを望んでいた。立ち退きを拒否する母娘を押し除けて、サフォーク郡の衛生局員、刑事、更にはニューヨークから来たアメリカ動物虐待防止協会の人間がグレイ・ガーデンズの内部に入ると、屋敷の惨状は予想を上回るものだった。床は猫の糞尿で埋め尽くされ、ダイニングには一メートル五十センチにものぼる空き缶の山。あらゆるところに蜘蛛の巣があり、壁の穴からはアライグマが自由に行き来をしていた。生活能力がまるでない上流階級の母娘に、グレイ・ガーデンズの管理は手に余ったのだ。

ゲイル・シーヒーはニュー・ジャーナリズムの旗手として知られる、「ニューヨーク・マガジン」の花形記者であった。ブーヴィエ・ビール母娘はどうしてこんな風に、惨めに暮らしているのだろうか？　興味を持って彼女が二人を取材した記事はスキャンダルとなり、好奇心に誘われてマスコミが次々とグレイ・ガーデンズに押しかけた。オナシスと再婚したジャクリーヌが、二万五千ドルかけてグレイ・ガーデンズの大清掃を行って二人の危機を救うと、ブーヴィエ・ビール母娘の名前は更に新聞を賑わすことになった。

グレイ・ガーデンズに住む奇妙な伯母と従姉は、ジャクリーヌにとって長年、悩みの種だったらしい。醜聞を恐れていたのか、彼女が大統領夫人だった時代には、グレイ・ガーデンズの周辺にホワイトハウスからシークレット・サービスが派遣されていたという。

翌年の一九七二年。ジャクリーヌの妹であるリー・ラジヴィルが、ずっと音信不通だった伯母と従姉を訪ねにグレイ・ガーデンズにやって来た。イースト・ハンプトンのモントークの別荘で夏を過ごしていた彼女は、自分の家族についての映画を当時の恋人である写真家のピーター・ビアードと撮ろうと画策中だった。それで自分のルーツを辿るためにグレイ・ガーデンズを訪れたのだが、ビアードの方は社会の規範から外れたブーヴィエ・ビール母娘にすっかり魅せられてしまった。映画の企画は頓挫し、グレイ・ガーデンズの二人を撮ったフィルムは、長い間、お蔵入りになっていた。後にヨーラン・ヒューゴ・オルソンが映画として編集し、『あの夏』というタイトルで二〇一七年にようやく日の目を見ている。

グレイ・ガーデンズの住人たちは、映画作家の興味を駆り立てて止まなかったのだろう。一九七五年、今度は彼女たちの奇妙な生活に興味を持ったドキュメンタリー作家、メイスルズ兄弟がカメラを携えてグレイ・ガーデンズにやって来た。イディ母娘は嫌がるどころか、カメラ・クルーを大歓迎している。六十歳と八十歳に近い彼女たちは、二人ともスターになる夢を捨てきれずにいたのだ。

共にイーディスというファースト・ネームを持ち、「ビッグ・イディ」、「リトル・イディ」と呼ばれた母娘の絆は強かった。

娘「リトル・イディ」は一九一七年、名門ブーヴィエ家の娘イーディスと弁護士のフェラン・ビールの長女として生まれた。母親イディは若い頃からエキセントリックな性格で知られ、オペレッタの歌手を気取ってレコードを録音し、ニューヨークでリサイタルを行っていた。夫フェランは妻の奇行に愛想を尽かして若い愛人と出奔、メキシコから電報で離婚を通達してきた。財産を失いつつあった彼はビッグ・イディにグレイ・ガーデンズの権利を残していった。二十八室から成る海辺の瀟洒な別荘は彼女のお気に入りの根城だった。生き方を改めないビッグ・イディが実家から受け取っていたのは、月々三百ドルの助援金のみ。ビッグ・イディは手持ちのジュエリーなどを売って、どうにか生活資金を得ていたらしい。

ビッグ・イディとグレイ・ガーデンズの没落ぶりには、謎が多い。実家の父親は遺言状からビッグ・イディの名前を外したというが、彼女には六万五千ドルの信託財産があり、リトル・イディの弟に当たる二人の息子が管理しているはずだった。しかし、一九七一年の時点で、彼女の口座にはほとんど資産が残っていなかった。「(自分の弟たちが)母が持っていた優良株を売り払ってしまった」とリトル・イディは言うが、ビッグ・イディの財産はどうやら彼女の弟であるジョン・ヴェルヌー・ブーヴィエの手に渡ったらしい。彼は姉を保護するという名目で財産を横取りし、それを自分の娘であるジャクリーヌとリーに投資したと思われている。

一九五二年、財政が乏しくなったビッグ・イディは、仕送りが出来なくなったことを理由に娘のイディを彼女の実家であるグレイ・ガーデンズに呼び戻した。この時、リトル・イディは三十五歳。女優になるチャンスと、結婚相手を求めてニューヨークに滞在中だった。

「(キャリアを諦めて)ママの猫の面倒を見なくちゃいけなかった」とリトル・イディはインタビューでゲイルに語っている。

もともと、リトル・イディにショー・ビジネスの夢を植えつけたのは、母イディの方だった。彼女はイディが十代の時は呼吸器官の病気を理由に学校を休ませ、娘を劇場や映画館、パリへのショッピングに連れ出した。背が高くグラマラスなリトル・イディは、一九三四年に実家を離れて花嫁学校に入学するとモデルとして活躍するようになるが、父親から猛反対をくらい、辞めざるを得なくなる。

それで諦めるようなリトル・イディではなかった。彼女はその後、自由を求めて、三度も家出を実行。一九四七年に父母が離婚すると、これ幸いとリトル・イディはモダン・ダンサーを目指してニューヨークに向かった。滞在中、スター女優ジュディ・ホリデイを発掘した大物プロデューサーのマックス・ゴードンが彼女を見出し、オーディションを受けさせてくれる段取りになっていたとリトル・イディは映画『グレイ・ガーデンズ』の中で語っているが、それが本当かどうかは分からない。彼女の言っていることは曖昧で、半分は妄想ではないかと思われるからだ。

イディの話だと、ハワード・ヒューズやゲッティ財団のJ・ポール・ゲッティなど、あらゆる億万長者が彼女にプロポーズしたことになっていた。真相は分からない。彼女が過去の恋人と映った写真はあるが、リトル・イディは全ての写真から相手の顔をきれいに切り抜いてしまっている。一九六一年、ジョン・F・ケネディの大統領就任式に出席した際には、ジョンの兄であるジョー・ケネディ・ジュニアが亡くなりさえしなければ、ジャクリーヌではなくて自分がファースト・レディだったとケネディの父親に打ち明けたらしい。実際には、イディはジョーと一回会って話をしただけだった。

ニューヨークにいた頃は既婚者と関係を持っていたようだが、本当の恋愛をリトル・

イディは知らなかった。彼女が生涯愛したのは、自分をグレイ・ガーデンズに閉じこめた母親だけだったのだ。

ミュージカル・スターになる夢は潰えたリトル・イディだったが、『グレイ・ガーデンズ』（一九七六）では夢見がちでナイーヴな語り口と奇抜なファッションで見る者を虜にした。大清掃から四年経った映画のグレイ・ガーデンズは相変わらず荒れ果てて、薄汚れ、猫とアライグマが徘徊していた。映画を見たゲイル・シーヒーはそれでも「私が初めて訪れた時よりは、だいぶマシになっていた」と語っている。

リトル・イディはカメラの前で大いに歌い、踊り、アーティストである自分を精一杯アピールした。しかし生き生きとした姿の一方で、明らかにストレスでおかしくなっている様子も見せている。リトル・イディは外部と交流を断たれ、孤独で、ベッドから一歩も動かない母親から常に責められていた。ビッグ・イディの叱責に疲れたリトル・イディは、度々レンズの向こうのメイスルズ兄弟に向かって涙ながらに訴えている。

「こんなところにあと十年もいたくないの」

「ここはママの家なのよ。ママは自分の好きな人を招けるけれど、私にはそれさえ出来ない」

ゲイルのインタビューでも、彼女が言うことは同じだった。

「ここは退屈、退屈、退屈。自由になれるのなら、私はどこにでも行く！」

公開されると『グレイ・ガーデンズ』はシネマ・ヴェリテの傑作と評判を呼び、サイコな女性としてリトル・イディはカルト・スターになった。アンディ・ウォーホルもイディ母娘の大ファンだった。エキセントリックな二人の姿を赤裸々にとらえた映像だったが、グレイ・ガーデンズの二階で試写をした時、スクリーンに映る自分たちの姿を初めて見たリトル・イディは感激のあまり「名作だわ！」と叫んだという。彼女はこの映画を愛していた。

『グレイ・ガーデンズ』は現在でもドキュメンタリー映画の傑作として知られている。ゴミ溜めのようなベッドに居座る母親を看病する、リトル・イディの姿の何がそんなに人を惹きつけるのだろうか。彼女は五十代の終わりにもかかわらず、夢と現実の区別がよくつかない子どもだった。グレイ・ガーデンズを抜け出しニューヨークに戻りさえすれば、自分はスターになって王子様が現れ、幸せになれると頑なに信じていた。でも、母親のコントロールから逃れることが出来ず、見えない鎖に縛られたかのように屋敷に足止めされたきりだった。出て行こうとすれば、行けないことはなかったのだ。事実、彼女の二人の弟は母親を見捨てて去っていったのだから。少女のまま大人になることの痛ましさを、あれほどカメラの前でさらけ出した女性はいない。惚れっぽいリトル・イディは『グレイ・ガーデンズ』の撮影中に自分よりも十四歳年下のデヴィッド・メイスルズに恋をして、彼が自分と結婚してくれるものだと信じていたらしい。

リトル・イディは若い頃から脱毛症を患い、更には母親の抑圧からくるストレスから か、自分で髪を引き抜いてしまう抜毛症までも引き起こして、豊かだった金髪を失った。従兄の一人は、彼女がライターの炎で自分の髪の毛を燃やすのを見ている。タオルやセーター、スカーフをターバンのように巻いてブローチで留めるイディのスタイルは頭髪を失ったのを隠すために編み出されたものだ。映画『グレイ・ガーデンズ』や『あの夏』を見ると、彼女がいかに工夫して頭を包む布とブローチをコーディネートしているかがよく分かる。自分はアーティストであるというイディの主張に嘘はない。彼女は素晴らしい美意識の持ち主だった。

イディのスタイルは既にファッションの世界では定番化している。ジョン・ガリアーノやトム・フォードをはじめとするファッション関係者がイディにインスパイアされて、数々の作品を生み出した。今やイディは従妹ジャクリーヌにも負けない影響力を持つファッション・アイコンである。

二〇〇六年には『グレイ・ガーデンズ』はブロードウェイ・ミュージカルになり、イディ母娘を演じた二人の女優にトニー賞をもたらした。二〇〇九年にはドリュー・バリモアとジェシカ・ラング主演でスペシャル・ドラマ『グレイ・ガーデンズ 追憶の館』が作られ、エミー賞を総なめにしている。

一九七七年、母イディが死ぬと、リトル・イディは熱望していたニューヨーク行きを叶え、マンハッタンのキャバレーでショーを行った。批評家に酷評されても、イディは気にしなかった。ようやく自分を自由に表現できるステージを手に入れたと信じていた。しかし、ほどなくショーは打ち切りとなり、失意のイディは屋敷を売ってフロリダに越したきり二度とグレイ・ガーデンズに戻らず、二〇〇二年に心臓発作でこの世を去った。皮肉なことに、イディが何よりもスターとして輝いたステージは、あれほど彼女が逃れたがっていたグレイ・ガーデンズだったのだ。

寂しがりやの人形絵本作家

デア・ライト

Dare Wright

一九五六年のマンハッタン。セントラル・パークの西側にある瀟洒なタウンハウスの二階。白と黒の市松模様がテラスまで広がる床に、一体の人形が置かれている。ピンクと白のギンガムチェックのワンピースを着た布製の古風な人形だ。素朴な顔はフェルトを型押しして作ったもので、黒いリボンでポニーテールにまとめた真っ直ぐな金髪のウィッグを被っている。耳には小さな金色のフープ・イヤリング。ワンピースの短すぎるスカート部分の丈からは、アイレット・レースのペチコートとラッフルコットンのアンダーパンツがのぞいていた。その人形に寄り添うのは、大小二体のシュタイフ社製テディベアだ。追いかけごっこをしているようなポーズを取らせられているところを見ると、この人形とぬいぐるみは何かのシーンを演じているらしい。

しかし、人形たちを床に設置したのは〝ごっこ遊び〟に興じるような小さな子どもではない。ほっそりとしたエレガントな大人の女性で、彼女は二眼レフカメラを手に、人間のモデルに接するかのように人形に指示を出している。

「ダメよ！　そのまま動かないで。そう……それでいいわ」

高い頰骨と尖った鼻、切れ長の目が印象的なこの美女は、自分が撮影している人形にそっくりだ。長い金髪のポニーテール、眉の上でカールしている前髪、金のフープのイヤリングまで。彼女の名前はデア・ライト。ここはモデルから写真家に転身した彼女の自宅であり、今、撮影している写真は児童書の出版社ダブル・デイから発売される絵本に使われる予定だった。

一九五八年にデア・ライトの『小さなお人形の物語』が発売されると、ピンクのギンガムチェックの表紙のこのモノクロの写真絵本は大ベストセラーとなり、一九七〇年代末まで続く人気シリーズになった。主人公は人形の〝エディス〟だ。エディスは素敵なアパートメントに住んでいるが、ひとりぼっちで孤独な日々を送っている。するとある日、〝くまおじさん〟、〝ちいくまくん〟がエディスのもとに現れる。エディスは二匹とずっと、ずっと、ずっと一緒に暮らしたいと願う。この物語は、作者であるデア・ライトの幼少時代をもとにしていると本の解説には書いてある。しかし、デア本人のストーリーはもっと複雑だった。

デア・ライトは一九一四年カナダ生まれ。幼少期はオハイオ州クリーヴランドで過ごした。彼女が幼い時に両親は離婚。有名な肖像画家である母のイーディス・スティーヴンソン・ライトは、夢想家の夫と彼についていった長男を自分とデアの人生から締め出し、世間には未亡人だと偽っていた。急に他の家族が消えてしまったことで、幼いデアは混乱した。夢見がちなデアは父と兄のことが忘れられなかった。彼女は二人が戻ってきて悪い魔女から自分を救い出してくれる童話を密かに書き綴った。「悪い魔女」は母イーディスだが、他に頼る人のいないデアにとって、母親もまた失いたくない存在だった。イーディスが制作で忙しくしている間、デアは邪魔にならないように、なるべくおとなしくしているように躾けられた。イーディスが仕事から解放されると、二人はイーディスのドレスを衣装にして様々な空想の世界を作って遊んだ。はかなげなデアは、母の思うままに動く人形のようだったという。

デアが十歳の時、イーディスは彼女を寄宿舎に入れることにした。イーディスはデアが寂しくないように、その頃流行っていた高価なイタリア製の人形を買い与えた。フェルト地を型にプレスして顔を作る製法で有名なレンチ・ドールである。その美しい人形をデアに渡す時、母は「あなたにとてもよく似ている」と言った。デアにはそう思えなかった。カーリー・ヘアの髪型をした人形は、むしろ母に似ていたのだ。二人は人形に「エディス」と名前をつけた。

高校を卒業したデアは、兄と父を探し出す決意をしてニューヨークへと向かう。彼女の美しさと想像力に目を留めた教師からは女優に、母親からは自分と同じく画家になることを期待されていたが、どちらの学校でも上手く行かずに、デアはつまずく。内気な彼女が女優になれるはずがなかった。ブロードウェイで『高慢と偏見』に出た時はほとんど台詞のない端役。母の仕事でついて行ったハリウッドでも映画のオーディションは全滅だった。しかし、眉を細く引き、切れ長の目に太くアイラインを入れて洗練されたルックスに生まれ変わった彼女は、モデルとして活路を見出す。

デアが兄のブレインを見つけたのは、ファッション・モデルとしてニューヨークで働いていた時だった。一九四〇年、二人は父の後妻と再婚した人物の手引きによって、セントラル・パークで二十四年ぶりの再会を果たす。父イヴァンは残念ながらその十三年前に亡くなっていた。入隊したばかりのカナダ空軍の制服がよく似合う二十九歳のブレインは背の高い美青年だった。兄は二つ年下の妹が、シックな美女に変身したことに驚いていた。長い間引き裂かれていた二人の間には、恋に似た感情が生まれる。兄妹は美男美女の似合いのカップルだった。事実、ブレインは妹を女性として愛するあまり、どうにかして結婚出来ないものかと義理の父に相談したこともあったという。

男女として妹と結ばれることを諦めたブレインは、頼りがいのある兄としてデアを守っていくことに決めたが、デアが考えていたおとぎ話のような家族再会のハッピーエンドは訪れなかった。ブレインは自分を捨てた母を心底憎んでいた。母と兄は、お気に入りのおもちゃを奪い合うかのように、デアを挟んで醜く争うこととなる。ブレインは妹のホテルの部屋で、自分の母親がデアに妖精のプリンセスのような衣装を着せているところを見るとこう叫んだという。「俺の妹は人形じゃないんだ！」

空軍に在籍していた頃、ブレインはデアの相手にちょうどいい青年を見つけた。カナダ空軍に航空指導教官として来ていたフィリップ・ヴィクター・グラス・サンドマンだ。ハンサムで、英国の名家の出であるフィリップはデアより七歳年下ではあるが、二人が並んだ姿は童話から抜け出てきた恋人たちのようだった。ブレインたちが戦地から帰って来てしばらくして、フィリップとデアは婚約する。最初はブレインが勝手に娘の結婚相手を選んだことに腹を立てていたイーディスも、フィリップの家柄を知って納得した。娘を手放すことを考えられないイーディスは、娘が英国で暮らすならば自分も移住してそこでキャリアを築こうと勝手に考えて、チャーチルの肖像を描き始めていた。

一九四七年、デアは英国に向かうが、フィリップと婚約を解消して早々《はやばや》と帰国してきた。しばらく会わないうちにフィリップは人妻に心を奪われて、彼女と肉体関係を持っていたのだ。彼はどこまでいっても恋人ごっこのようなデアとの関係に不満を抱いたのかもしれない。デアは後年、自分が愛した男性はフィリップだけだったと言っているが、二人の間柄は仲の良い姉弟のようで、本当の男女の仲に進展したことはなかったのである。

この破談の後、デアと母イーディスの絆は一層深まり、兄のブレインを苛立たせた。デアはしょっちゅうイーディスのクリーヴランドのアトリエを訪れ、イーディスはデアのアパートメントに入り浸っていた。母と娘は知り合いにいつも二人の連名で手紙を出し、お互いの服を貸し借りしては写真を撮り合って、同じベッドに寝ていた。男性がデアをデートに誘うと、もれなく母親がついて来た。側から見ると異様なまでの仲の良さだ。毎年、二人はノース・カロライナ州の小さな島、オクラコークで夏を過ごしたが、島の住人の間では、この母と娘は裸で日光浴をしているので有名だった。ここで母イーディスに手伝ってもらって撮った、デアのヌード・ポートレートが数多く残っている。デアは時に一糸纏わぬ姿でカメラの前に立ち、時に海藻を体に巻きつけ貝殻で飾って、浜辺に打ち上げられた人魚を演じた。デアは母と作り上げたおとぎの国に住んでいた。しかし、そこから逃れたがってもいた。

デア・ライトがカメラと出合ったのは一九四〇年代初めの頃だ。自分のカメラとセルフ・タイマーを手に入れたデアは、当時住んでいたホテルの部屋を舞台のように飾りつけてセットにし、美しいドレスを次々と着替えてセルフ・ポートレートを撮って楽しんでいた。幼い頃、母のドレスを着て空想の世界に遊んだ記憶が蘇ってきた。ホテルの一室を暗室にして現像する技術も身につけ、デアは撮影に夢中になった。それは彼女が初めて見つけた自己表現の手段だった。モデルの仕事の傍ら、デアは写真家としての道を探り始める。

デアにとって一九五〇年代はモデルとして、そして写真家として躍進の時だった。新しいエージェントがつき、一流雑誌のファッション・グラビアや広告に登場。「グッド・ハウス・キーピング」誌で撮影の仕事も始めた。ニューヨークに出てきてからずっとホテル暮らしをしてきたが、モデルのギャラでアッパー・ウェストにタウンハウスを借りることも出来るようになった。そこを改装している時に、彼女は母イーディスから送られてきた荷物の中に人形のエディスを見つけた。エディスの髪は赤毛のカールヘアだったが、彼女はそれを抜き取って、自分がシニヨンを結うときに使っている金髪のつけ毛からストレートヘアの新しいウィッグを作って被せた。人形の着ていたオレンジのオーガンジー・ドレスを脱がせて、自分が縫ったギンガムチェックの服を着せた。母と同じ「エディス（イーディス）」という名前を持ち、見かけは自分にそっくりな人形。エディスはどこか倒錯的な存在だ。

児童書の出版社ダブル・デイが彼女の写真に目を留めて仕事を依頼してきた時、デアは人形のエディスと兄がくれた二体のテディベアを組み合わせて、物語を作ることを思い立つ。ブレインは酔っぱらって、大型おもちゃ店のFAOシュワルツでテディベアのコーナーを買い占めたことがあった。翌日、ブレインの恋人とデアによってほとんどのテディベアは店に返品されたが、デアの手元には〝ちいくまくん〟となる小さなくまが残った。縫いぐるみが一体では寂しそうだとデアが言うと、ブレインは大きな〝くまおじさん〟を買い直してデアのアパートに届けたのである。

『小さなお人形の物語』を作った時、デアは四十代だ。本当は人形遊びをするような年ではない。しかし彼女は、相変わらず母親と豪華なドレスで着せ替え遊びをするような少女じみたところが抜けなかった。デアはまるで二十歳で時間が止まったようにほっそりとしていて、妖精のような雰囲気を漂わせていた。浮世離れした彼女に夢中になる男性も少なくなかったが、彼女は相手から求められてもどうしていいか分からなかった。

デート相手のアパートに招かれてついて行き、すっかりその気になった相手に迫られて泣いて逃げ帰ったこともある。

『小さなお人形の物語』にはデア・ライトが幼少期に見た夢が反映されている。父と兄が孤独な彼女を見つけ出して、ひとりぼっちの家から救ってくれるという切ない願望だ。絵本の中で父親代わりの〝くまおじさん〟はエディスを優しく見守り、弟代わりの〝ちいくまくん〟は悪戯に彼女を誘う。デアが欲しかった家族の姿がここにある。しかし、そのファンタジーはどこか歪んでもいた。現在『小さなお人形の物語』が絵本の世界で大々的に取り上げられていない理由のひとつに、体罰の描写がある。悪戯をしたエディスのスカートをめくりあげてくまおじさんがお尻を叩く場面は、不適切というだけではない。『小さなお人形の物語』の世界そのものがあまりに洗練されている上、ほんのりと薄暗くセクシーで、見ていると落ち着かない気持ちにさせられる。人形たちの世界は、母イーディスの力が及ばない場所でもあった。デアの無邪気さだけではなく、大人の女性としての欲望もこの本のどこかに潜んでいる。それ故に危うく、魅力的だ。

作家志望のブレインは、妹の絵本作家としての成功に複雑な思いを抱いていた。本の献辞に母イーディスの名前しかないのも気に入らなかった。ブレインとイーディスの確執は深まるばかりで、デアは二人に引き裂かれた。人形絵本『ローナ（Lona)』（一九六一）のためのフランスの撮影旅行には母と出かけ、兄の住む島では二人でアウトドア生活を送って楽しむ。彼女は二人のそれぞれと過ごしてバランスを取ろうとしたが、その行動が更に母と兄を苛立たせた。

緊張感に満ちた家族関係は、イーディスとブレインが亡くなるまで続いた。一九七五年、デアは年老いて一人で暮らせなくなった母を引き取ったが、その後すぐ、イーディスは娘と二人で寝ているベッドで亡くなった。夜半に母親が息絶えていることに気がついたデアは、冷たくなったイーディスの体に朝まで寄り添っていたという。

母親を失ったデアは糸の切れた操り人形のようだった。彼女は食事や身なりに気を使わなくなり、アルコールへの依存を深めていく。母の死から十年後に兄のブレインが肺がんで亡くなると、デアは精神の均衡を崩してセントラル・パークを徘徊するようになる。彼女がそこで知り合ったホームレスを自宅に連れて帰るので、アパートは彼らの巣窟となった。金目の物が次々なくなっていき、かつてエレガントだった部屋は荒れ果てた。そして一九九三年、事件が起きた。デアが招き入れたホームレスの一人が、男性経験がないまま七十八歳になった彼女をレイプしたのだ。

二年後、呼吸困難に陥った彼女はルーズベルト島の病院に送られ、二〇〇一年に亡くなるまでそこで過ごした。かつて『高慢と偏見』の舞台で共演した女優の娘で、デアの名付け子に当たるブルック・アシュレーが彼女の保護に当たり、介護者には恵まれた老後だったという。

現在『小さなお人形の物語』は本国で復刻され、日本でも翻訳版が出て、可愛いものに目がない女性たちの人気を集めている。デア・ライトの写真絵本が今も私たちの心を打つのは、彼女自身の叶わなかった夢があまりにも甘美に描かれているせいなのかもしれない。人形のエディスとテディベアたちは現在、デアのアーカイヴを保持するブルック・アシュレーの家に並べて置かれている。きっともう、寂しくはない。

ジーグフェルド最後の舞姫
ドリス・イートン・トラヴィス
Doris Eaton Travis

ニューヨークのミッドタウン、西四十二番地。そこに建つニュー・アムステルダム・シアターはブロードウェイ最古の劇場のひとつとして知られている。羽を広げる孔雀たちのモチーフが目を惹くアール・ヌーヴォーの内装が華麗なこの劇場は、かつて伝説的な美女レビュー集団、ジーグフェルド・フォーリーズの公演で有名だった。

パリのミュージック・ホール、フォリー・ベルジェールのショーに触発されて、興行師フローレンツ・ジーグフェルドが、とびきり美しいダンサーばかりを集めて着飾らせ、ゴージャスなレビューを始めたのは一九〇七年のこと。一九一三年、ニュー・アムステルダム・シアターがジーグフェルド・フォーリーズの常設会場になると、劇場はチケットを求める人の列で取り囲まれ、楽屋口にはフォーリーズのダンサーたちをディナーやダンスに連れ出すのを夢見る男たち、通称「ステージ・ドア・ジョニー」たちが押しかけた。彼らはミンクの毛皮や宝石、その他の贅沢な贈り物をしてフォーリーズの美女たちの気を惹こうとした。後にオーソン・ウェルズの映画『市民ケーン』(一九四一)の題材になる女優マリオン・デイビスも当時のフォーリーズのダンサーの一人。新聞王ウィリアム・ランドルフ・ハーストは彼女の「ステージ・ドア・ジョニー」だった。「高嶺の花」であるジーグフェルドのダンサーになることは、当時の女の子たちの憧れだったという。

それから九十年以上の月日が流れた二〇〇四年の四月。ニュー・アムステルダム・シアターが一人のダンサーのキャリアを祝福するショーを開いた。華やかな衣装を身につけて、軽やかにステップを踏む白髪の老婦人の名前はドリス・イートン・トラヴィス。彼女を讃える歌に続いて、舞台上には巨大なピンクのバースデー・ケーキが登場した。ケーキの頂点には「100」という数字がスパンコールで彩られて輝いている。それは、かつてジーグフェルド・フォーリーズの最も若いダンサーだったドリスの百歳のバースデーを祝うイベントだった。一世紀近い時を経て、ドリスはニュー・アムステルダムのステージに戻ってきたのだ。

長生きの秘訣を聞かれて、ドリス・イートン・トラヴィスはこんなことを言っている。

「忙しくしていることですね。私はタバコも吸わないし、お酒も飲まない。神にはずっと祈りを捧げています。私はただ、本当に普通の生活をおくっているだけなんです」

ドリスの人生が「普通」だったとは言えないが、彼女が絶え間なく働いていたのは事実だ。彼女は生涯にわたって、ずっと踊り続けていた。ドリス・イートン・トラヴィスは一九〇四年、ヴァージニア州のノーフォークに七人きょうだいの四女として生まれた。女優の夢を絶たれた母親は熱心なステージ・ママで、貧乏子だくさんのイートン家の家計を支えるため、愛らしく、ダンスが得意な子どもたちは早くからステージに駆り出されていた。ドリスは七歳の時にはもう、ワシントンでメーテルリンク原作の『青い鳥』の舞台に立っていた。

やがてニューヨークに移った一家に、最大のチャンスが訪れる。ジーグフェルド・フォーリーズに、次女のパールがダンサー兼振り付けアシスタントとして雇われることとなったのだ。三女のメアリーがそれに続いてフォーリーズ入りして、スターとなった。ある日、姉のリハーサルを見に来ていたドリスを指差して、スタッフの一人が言った。

「あの娘も踊れるのかな?」

アクロバットが得意で、「自分の頭より後ろに足を蹴り上げられる」のが自慢のドリスは当時まだ十四歳。法律では、ミュージカル・コメディの舞台に出ることを禁じられている年頃だった。それでも特例で、一九一八年に最年少ダンサーとしてジーグフェルド・ガールズに加わることとなった。

年齢をごまかすため、ジーグフェルドでのドリスのキャリアは、「ドリス・レヴァント」という偽名によって割と地味に始まったが、彼女が十六歳になって本名で舞台に出演出来るようになった頃には、イートン家の三姉妹は既にジーグフェルドの美女の中でも華やかな存在としてニューヨーク中にその名を轟かせるようになっていた。

スティルマンズ社の美容クリームの広告に水着姿で登場した姉パールは、派手なパーティ・ガールとして常に注目の的だった。彼女を有名にしたのはジーグフェルドの深夜のショー『ミッドナイト・フロリック』だ。客が下から覗けるガラスのステージが話題の舞台で、両脚の間が空いていた当時の女性の下着を考えると、相当過激な演出だった。

後にパールはブロードウェイにおける初の舞台監督となり、映画会社ＲＫＯではダンス部門を取り仕切るようになった。

とりわけ美しかった二番目の姉メアリーは、一九二二年にはフォーリーズのプリマ・ダンサーになって、週給五千ドルという最高額のギャラを手にしていた。

そしてフラッパーらしいボブカットに髪型を変えた若いドリスは、何よりもアクロバット・ダンスが得意で、エネルギーに満ち溢れていた。

ドリス・イートンがジーグフェルドのスターとなった一九二〇年代は、アメリカの最も華やかな時代であり、本格的なショー・ビジネスの幕開けでもあった。様々な才能がジーグフェルドのレビューやハリウッド映画に集結していた。ジーグフェルドのリハーサルにピアニストとして雇われていたのは二十歳のジョージ・ガーシュインだった。十七歳で映画界に進出したドリスの初主演『テル・ユア・チルドレン（Tell Your Children）』（一九二二）の字幕とタイトルバックをデザインした若者の名はアルフレッド・ヒッチコック。イートン三姉妹と弟ジョーのアパートメントはサロンとなり、後に映画会社ワーナー・ブラザーズを設立するワーナー兄弟のジャックとサムや、駆け出しダンサー時代のフレッド・アステアが夜な夜な遊びにやって来た。

それでも、彼らが有名になるのはずっと後のことだ。一九二〇年代はドリスとその姉のメアリーこそがスターだった。

ハリウッドで出会った映画プロデューサーとの九カ月の短い結婚生活の後、十九歳で未亡人となったドリス・イートンはハリウッドとブロードウェイで積極的にショーを行った。その美貌と才能に惹かれ、ナシオ・ハーブ・ブラウンという名の作曲家が彼女に捧げて曲を書いた。それが後にジーン・ケリー主演の同名ミュージカル映画（一九五二）のテーマソングとして使われる名曲「雨に唄えば」である。一九二九年にウクレレ・アイクことクリフ・エドワーズが歌ってスタンダード・ナンバーとなったが、実はドリス・イートンが最初に「雨に唄えば」を歌ったオリジネーターであり、クレジットこそないがアーサー・フリードと共に作詞も彼女が手がけている。

しかし、一九二九年にニューヨーク証券取引所の株が大暴落し、それが引き金となって不況時代が到来すると、ドリスとイートン家の華やかなキャリアも終わりを遂げる。ショー・ビジネスの世界は打撃を受け、イートンきょうだいはこぞって仕事を失ったのだ。

ドリスは弟のチャーリーと組んでボードヴィル・ショーで転機をはかろうとするが、失敗。ジーグフェルドの華麗な舞姫、一般人など到底手の届かない存在であったはずの彼女が、一時期は場末のダンサーに身を落とし、男たちを相手に踊って日銭を稼ぐまでになってしまう。

一九三〇年代に仕事を失い、引退に追い込まれたダンサーは少なくないはずだが、ここからがドリスのキャリアの面白いところである。失意のドリスに、知り合いから電話がかかってきた。アーサー・マレーのスタジオがタップ・ダンスのクラスのためにアシスタントを探しているという。ダンス・インストラクターとして有名なアーサー・マレーは、自身のダンス教室を全国にチェーン展開しようとしていた。

一九三六年、ドリスはスターだった過去を捨て、ダンス教師に転身した。そしてフランチャイズで自らが経営するスタジオを開くために、ニューヨークからミシガン州の都市デトロイトに移ったのだ。

折しも、デトロイトは自動車産業で上昇気流に乗ったところ。しかもダンス・ブームであった。クライスラーやゼネラル・モーターズの重役や取締役が、彼女のスタジオに社交ダンスを習いにやって来た。自動車業界の大物で、ドリスのダンス・レッスンを受けなかったのはヘンリー・フォードくらいだ。真にダンス狂だったフォードは自宅に専門のボール・ルームがあり、お抱えのダンス・コーチがいたのである。

新聞のコラムや第二次大戦の慰問ショーなどでドリス・イートンは再び名声を得るようになった。ドリスは積極的に新しいダンスに取り組み、太平洋戦争が終わると南米に赴いてサンバやアルゼンチン・タンゴ、ルンバを習った。社交ダンス・ブームのおかげで彼女のビジネスは拡大し、教室も十八カ所に増えた。更にテレビ時代が到来しようとしていた。銀幕とステージからブラウン管に舞台を変え、ドリスは限られた観客だけではなく、今度は全米に華麗なステップを披露することになる。

一九五二年にWXYZテレビで始まった「アーサー・マレーのクラブにて（At Arthur Murray's)」で彼女はマレーと共にパーソナリティとメイン・ダンサー役を務め、全米に名前が広がった。彼らがボール・ルームのステップを教えるこの番組は、七年間続く人気プログラムとなった。

やがてこの栄光にも終わりの時が来た。六〇年代になり、大衆音楽の主流がポップスやロックに変わると、ボール・ルーム・スタジオはディスコに改装されていった。ドリスが本拠地としていたデトロイトでは人種間の軋轢が日に日に緊張感を増し、一九六七年には警察官と一般市民の間のトラブルが発端となって有名なデトロイト暴動が勃発。この事件によって郊外への白人の流出が始まり、次いで自動車産業の衰退が決定打となった。デトロイトの興隆と、保守的な白人顧客層に支えられていたダンス教室の終焉である。収入の激減と経営トラブルによって、ドリスはダンス教室を手放さざるを得なくなった。車の部品会社の社長だった新しい夫ポール・トラヴィスと共に、競走馬を育てる牧場を経営するため、彼女はオクラホマの田舎へと引っ越していった。

ドリスの新しい人生を支えたのは、趣味のウェスタン・ダンスと大学だった。早くからショー・ビジネスの世界に入ったため、正規の教育を受けたことがないのがドリスのコンプレックスになっていた。猛勉強してG.E.D.（高校卒業程度認定試験）を取得したドリスは一九八一年、オクラホマ大学に入学する。アメリカ史の授業では、当たり前ながらウィルソン大統領に本当に会ったことがあるのは、ドリスただ一人だった。歴史の生き証人として、彼女は自分の孫のような年の若い同級生からしょっちゅうノートの写しを頼まれた。仕事を続けながら八十八歳で大学を卒業して待望の学位を得た時、再び自分がステージで踊る日が来るとは、ドリスは考えてもいなかっただろう。

ジーグフェルド・フォーリーズの本拠地だったニュー・アムステルダム・シアターが改装された一九九七年、ドリスは存命している他のジーグフェルドのダンサーと共にニューヨークに招かれて、栄誉を受けるためにステージに立った。その頃には、ショー・ビジネスに人生を捧げたイートン家の七人きょうだいはドリスを含む三人しか残っていなかった。姉のメアリーはアルコール依存症の果てに一九四六年に四十六歳の若さで亡くなった。パールは一九五八年、ロサンゼルスのアパートメントに侵入した何者かに殺害された。事件は未解決のままだ。

生き残ったかつての美女ダンサーたちも、みんな九十代になっていた。そんな中でドリスだけがまだ踊ることが出来た。彼女のステップは熱狂を持って迎えられ、ドリスはそれ以降、ニュー・アムステルダム・シアターのマスコット・ガールになった。九十四歳にしてドリス・イートン・トラヴィスはブロードウェイにカムバックしたのだ。

ドリスの人生はダンスにあり、ダンスの流行とショー・ビジネスの変遷によって、いつも左右されてきた。長い旅を終え、彼女は生まれ故郷のようなブロードウェイの舞台に戻ってきたのだ。一九九九年にはジム・キャリー主演の『マン・オン・ザ・ムーン』に出演した。映画に出るのはエディ・カンター主演の『ウーピー（WhooPee!）』（一九三〇）にダンサーとして出て以来、実に六十九年ぶりのことだった。

「（その年で）まだ歩けるんですか？　なんて人に聞かれることがあります。まあね、ブリッジや大車輪をやるのはさすがにもう無理です。でも、私はまだまだお転婆なんですよ」とドリスは二〇〇六年にインタビューで答えている。そう言って彼女は記者たちの前でスウィング・ダンスのステップを披露した。九十年前にジーグフェルドのレビューで踊った時と同じく、軽やかに。

長いアンコールのようなドリスのダンサーとしてのカムバックは、十二年間に及んだ。彼女の最後の舞台出演は二〇一〇年四月二十七日。ドリスはエイズ基金のためのチャリティ・ショーのオープニングを務めた。そのわずか二週間後に動脈瘤で死亡。二十世紀をステップで駆け抜けた舞姫は、百六歳になってようやくダンス・シューズを脱いだのだ。

路上で死んだフォーク・シンガー

カレン・ダルトン

Karen Dalton

一九六〇年代はじめ、ニューヨークのグリニッジ・ヴィレッジはフォーク・ソングを歌う若者たちでいっぱいだった。マクドゥーガル・ストリートにあったフォークロア・センターがこのジャンルの歌手たちを売り出したのがきっかけで、フォークはジャズと共にヴィレッジで人気の音楽となり、アメリカ中からシンガーが集まるようになっていた。「フラミンゴ・カフェ」「ガスライト」「カフェ・ワ?」そして後に「ビター・エンド」と名前を変えてフォーク・ソングの聖地として知られるようになる「コック&ブル」。ミュージシャンたちはこの地域に密集していたコーヒー・ハウスで夜な夜なライヴを開き、演奏が終わるたびに店の客に帽子をまわして小銭を集めていた。

コーヒー・ハウスにギターを抱えて集まるフォーク歌手の中に、一際異彩を放つ長いストレート・ヘアの背の高い女性がいた。痩せぎすの彼女が赤いギブソンの十二弦ギターを抱いて店に現れ、来ている客には目もくれずに椅子に座っておもむろに歌い始めると、客席のざわめきはやがてフェイドアウトして、その場を緊張感が支配した。聴衆が黙って彼女の歌に耳を傾けようとしたのは、そうしないと聞き取れないほど彼女の声がかすかで小さかったからである。ミュート・トランペットのような独特のかすれ声。それはどんなフォーク・ソングもブルースに染め上げた。

彼女の名前はカレン・ダルトン。息を潜めてカレンの歌に耳を傾けるコーヒー・ハウスの客の中には、グリニッジ・ヴィレッジにやって来たばかりの若者のボブ・ディランもいたはずだ。ディランのドキュメンタリー映画『ノー・ディレクション・ホーム』（二〇〇五）には、彼とカレンが一緒にアシッド・フォークの先駆者、フレッド・ニールのセッションで歌っている写真が出てくる。

「彼女は背の高い白人のブルース・シンガーで、ギター奏者だった。ファンキーで、やせっぽちで、官能的だった」

ディランはカレン・ダルトンについてそう語っている。しかしカレンの方はそんな風に自分に憧れていたディランに冷たく、彼について友人にこう話していたという。

「あんなみじめなクソ野郎が成功するなんて思いもしなかった」

ボブ・ディランが商業的なスターになったことについて含むところはなかったが、カレンにとって一番の歌手は自分自身であった。ビリー・ホリデイやニーナ・シモンといったジャズ・シンガーたちから影響を受けていたにもかかわらず、ホリデイの名前を引き合いに出されると途端に機嫌を悪くした。カレン・ダルトンが自分の才能を疑ったことはなかった。彼女はいつもスターのように尊大に振る舞った。同時にひどく繊細な気質の持ち主で、音楽に魂を込めすぎるあまり、リハーサルやセッションで燃え尽きて、度々本番のステージに穴を開けた。それでもカレンと組みたがるミュージシャンは後を絶たなかった。

六〇年代にビーチ・ボーイズなどを手がけてキャピトル・レコードの伝説的なプロデ

ユーサーだったニック・ヴェネットは、彼女のアルバムを作ることを熱望していたが、レコーディングを何度もすっぽかされている。仕方なくヴェネットは、彼女をかわいがっていたフレッド・ニールの名前を使った。フレッドのリハーサル・セッションだと言ってカレンを呼び出し、自分のプライベート・コレクションにするから、彼女が歌うフレッドの曲を一曲だけでも録音させてくれないかと懇願したのだ。カレンはようやくヴェネットの要望に応えて、その日は一晩中歌った。その時に録音された音源が一九六九年に発売された彼女のファースト・アルバム「イッツ・ソー・ハード・トゥ・テル・フーズ・ゴーイング・トゥ・ラブ・ユー・ザ・ベスト」になった。

カレン・ダルトンは一九三七年、オクラホマで生まれた。父親はアイルランド系で、母親は純粋なチェロキー族だ。父親はアルコール依存症で一家は貧しく、彼女はフィドルを弾く祖母から音楽を習った。初めて通販カタログ「シアーズ」で買ったギターはベニヤで出来たジーン・オートリー・モデル。大学生やインテリが多い六〇年代当時のグリニッジ・ヴィレッジのフォーク・シーンの中で、彼女だけがフォーク・ソングの題材である労働者階級の暮らしを本当に知っていた。

カレンは十五歳で妊娠し、長男のリーを生んだ。十七歳の時には娘のアビーが生まれ、その父親である大学の教員と結婚し、ダルトンに姓を変えた。若い彼女は結婚生活に向かなかったのだろうか。一九五九年、長男を自分の母の元に残し、カレンは娘を連れてニューヨークへと逃走した。

グリニッジ・ヴィレッジで映画館の上のアパートに部屋を見つけ、カレンは十二弦ギターやロング・ネック・バンジョーを抱えてコーヒー・ハウス巡りを始める。ミュージシャンとしての評判は高まっていったが、彼女は部屋に娘のアビーを置き去りにしていくことをいつも気にしていた。

グリニッジ・ヴィレッジのフォーク・シーンに降り立った後、根っからの放浪者である彼女は一年もしない内にメキシコに渡り、更にカリフォルニアに移り住んだ。一九六二年にはコロラド州ボルダーの小さなキャビンハウスに居を構えた。コロラド時代に再婚し、五年間はその夫とアビーと三人で家族として暮らしていた。

慎ましい生活の中で家を整え、パンを焼き、いつも動物に囲まれていたカレンのことを、コロラドの親しい人々は「スウィート・ママ・K・D」と呼んでいた。カレンは周囲の人が欲しがるものを瞬時に察する敏感さがあった。友人の新しいギターのために、レザーでギター・ストラップを作ったこともある。チェロキーの母親から自然のバイブについて教えられてきた彼女の周囲には、いつも緑が絶えなかった。ロサンゼルスのサンセット・ストリップで友人と同居していた時は、外壁から彼女の寝室の中まで蔦が伸びてきたという。また、カレンはほとんど手綱を引くこともなしに見事に馬を乗りこなした。

自然を愛する穏やかなカレンは、同時に野獣のような激しい気性の持ち主でもあった。コロラド時代に女友達と乗馬をしていた時の逸話が残っている。彼女たちのそばを自動車が通りかかって、カレンの友人が乗った馬をかすめていった。友人に怪我はなかったが、カレンは怒り狂って馬を下り、小枝を片手に走り去ろうとする車を追いかけて、まるでそれが生き物であるかのように何度も打ち据えたという。ドライバーが降りてきて謝罪するまでそれは続いた。その純粋さはやがてカレンのキャリアを滅ぼすことになる。

「イッツ・ソー・ハード・トゥ・テル・フーズ・ゴーイング・トゥ・ラブ・ユー・ザ・ベスト」は商業的にも批評的にも失敗であった。一九七〇年にウッドストックに居をかまえた彼女は現地のミュージシャンと親しくなり、セカンド・アルバムの準備にとりかかった。

カレンがギターを片手に歌う曲を平坦に録音しただけの簡素な最初のアルバムと違って、今度はウッドストックのベアズビル・スタジオを使っての本格的なレコーディングである。録音には半年を費やした。カレン自身のレパートリーに加えて、「男が女を愛する時」やモータウンのヒット曲のような有名曲も収録したこの「イン・マイ・オウン・タイム」は、彼女の本格的なデビュー・アルバムとなった。

しかし、カレン・ダルトンはボブ・ディランと違って、レコードで全国区の人気を得るタイプではなかった。根っからフォーク歌手である彼女が録音物にどれだけの価値を見出していたかも、分からない。

カレンは詩を書きためていたにもかかわらず、決して自分で曲を作ることはなかった。ブルースや戦前のジャズといった古い曲か、フレッド・ニールやディノ・バレンティのような友人の曲を取り上げるのを好んだ。自分の代表曲「ブルース・オン・ザ・セイリング」のカレンのバージョンを聞いたフレッド・ニールはこう言っている。

「もし彼女が自分でこの曲を作ったと主張したら、俺は信じてしまっただろう」

カレン・ダルトンは自分のレパートリーを歌っているその瞬間に曲を自分の魂の色に染め上げて、後は風のように消えていくことを望んでいたのかもしれない。

「イン・マイ・オウン・タイム」発売後、カレンはカルロス・サンタナの前座としてヨーロッパに送り込まれ、続いてパリやロンドンでお披露目のツアー・ライヴを行ったが、目まぐるしいスケジュールの中、商業主義と相容れないカレンは壊れていく。二週間も狂ったようにリハーサルに励んだにもかかわらず、公演当日になるとベッドから出て来ようとしなかった。ライヴに現れなかったことも一度や二度ではない。バックバンドは自分たちのレパートリーを演奏してどうにか穴を埋めようとしたが、とうとう主役は最後までライヴに現れなかった。

それでも「イン・マイ・オウン・タイム」の好評を受けて次のアルバムの企画が持ち上がったが、彼女はプリ・プロダクションと選曲の前に忽然と姿を消してしまう。

一九七〇年代から八〇年代にかけての彼女の足取りについては、断片的なことしか分かっていない。カレンはウッドストックとコロラドを行き来しながら音楽活動を続けていたらしい。一九七二年には、友人であるルーツ・ロック・デュオのホーリー・モーダル・ラウンダーズのレコーディングに参加している。リハーサル中、思うようにいかない自分の演奏に苛立ち、カレンはスタジオのバスルームの洗面台を壁から引き抜いてしまったという。一時期はニューヨークに住んでいて、ジャズ・ミュージシャンたちと自宅でセッションしたという話も残っている。

慢性的な鬱病に悩まされ、カレンのアルコールとドラッグへの依存はひどくなっていった。マリファナからコデイン、コーク、ヘロインへ。とうとうオーバードースで病院に担ぎ込まれた。音楽から遠ざかり、私生活は荒れ、恋人や娘とも疎遠になり、いつしかミュージシャンの輪から外れて、八〇年代の終わりになると、誰も彼女の消息を聞かなくなってしまった。

「音楽は私と他人をつなぐ唯一の道なの。だけどそれを失ってしまった」カレンは友人にそう漏らしていた。

一九九〇年代初め、かつての友人でカントリー歌手のレイシー・J・ダルトンがニューヨークでカレンを見つけた時、彼女は鎮静剤中毒のホームレスになっていた。更にHIVにも感染していて、危険な健康状態だった。レイシーは西南部にあるリハビリ・センターにカレンを送り出し、立ち直らせるきっかけを作ろうとレコーディング・スタジオまで押さえたが、無駄だった。他人の言うことを聞くような女性ではなかったのだから。リハビリ・センターのカレンから彼女に電話がかかってきた。

「私は何でこんなところにいるのさ？　カウボーイ・ブーツをあんたのケツにつっこんでやりたいよ！　こんな金があるんだったら、あたしにニューヨークのアパートを買ってくれればいいじゃないか！」カレンにオクラホマ訛りで罵倒され、レイシーは彼女をニューヨークに呼び戻さざるを得なくなった。その後、カレンの消息は再び途絶えてしまう。レイシーは芸名としてこの悲しい友人の名字をもらった。

一九九三年、カレン・ダルトンはニューヨークの路上で死んだ。安定した生活も、栄光も、家族も、あれほど愛した音楽さえも、彼女の荒ぶる魂を鎮め、この世界につなぎとめることは出来なかったのだ。

二〇〇六年「イン・マイ・オウン・タイム」がCDで再販されたのをきっかけにして、カレン・ダルトンの名前は再び注目されるようになっていった。彼女の哀切な歌声は新しい世代の音楽ファンにも響き、リアルタイムのフォーク・ブームの時代には知る人ぞ知るミュージシャンだったカレン・ダルトンのアルバムは、今や音楽が好きな人ならばかならず持っていなくてはならない一枚に数えられるほどになっている。ニック・ケイヴやジョアンナ・ニューサムやザ・ホワイト・ストライプスのメグなど、彼女を敬愛するミュージシャンは後を絶たない。『ノー・ディレクション・ホーム』で顔が映った時は名前のクレジットさえも出なかったが、スイスのアーティストであるエマニュエル・アンティルの詩的な映像エッセイ『ブライト・ライト カレンとその道のり（A Bright Light: Karen and the Process)』（二〇一八）、そしてリチャード・ピートとヤプコウィッツによる本格的なドキュメンタリー『イン・マイ・オウン・タイム カレン・ダルトンの肖像（In My Own Time: A Portrait of Karen Dalton)』（二〇二〇）と、今では彼女を題材にした映画が相次いで作られるまでになっている。

カレンは生前、自分の理想とする音楽環境についてこんな風に友人たちに語っていた。自分のリビングで親しい人たちに演奏していて、気がつくと大観衆に囲まれている。彼らは黙って彼女の音楽に聞き入り、カレンは聴衆の存在を完璧に無視して音楽に没頭する。それがカレン・ダルトンの夢見る世界だった。カレンのアルバムを聞いていると、彼女が自分のすぐそばで歌っている姿が浮かぶ。生前も全く観客に媚びることがなかった彼女の歌声は、そっけないけど哀感に満ちている。ある意味では、彼女の夢は叶ったのだ。カレンは消えても彼女の音楽は残り、それを聞く人々の心の中に、そして彼女の影響下にある若いミュージシャンの中に今も息づいている。

テレビスターになった料理研究家

ジュリア・チャイルド

Julia Child

一九六三年二月。ボストンの公共テレビ局WGBHのスタジオは、新しく始まる番組の準備で大わらわだった。

一発勝負の本番が始まってテープが回され、まずカメラが映したのはキャセロールに入れられた生の牛肉のアップだ。

「ブッフ・ブルギニヨン！　赤ワインを使ったフランスの牛肉シチュー」。特徴のある高い声で誰かが料理名を告げて、そのキャセロールを持ち上げる。

「蒸した玉ねぎとマッシュルーム、赤ワインソースを添えてお出しします」

カメラがキャセロールを掲げ持つ人物の顔をとらえた。そこにいるのは一八五センチもの長身を誇る大柄の女性。髪型はカールしたショートカット。ワッペンのついた開襟ブラウスの胸にはパールのネックレス、腰にエプロン。中年というより初老といった方がふさわしい落ち着きぶりで、自宅のキッチンにいる主婦のような平凡な佇まいである。彼女はカメラに向かって挨拶をした。

「こんにちは、私の名前はジュリア・チャイルドです」

それが一九六三年から七三年にかけて爆発的人気を誇った料理番組「フレンチ・シェフ」の初回放送であり、以後三十年以上にわたるジュリアのテレビ・キャリアの始まりだった。一九一二年生まれのジュリア・チャイルドはこの時、五十歳。まさか自分がテレビのスターになるとは思っていなかったはずだ。しかし「フレンチ・シェフ」の人気に火がつくと、彼女はアメリカで最も有名なフランス料理の研究家となり、ブラウン管を通じて、フレンチ・レストランに馴染みのないアメリカ人の家庭の食卓に、簡単で美味しいフランスの家庭料理のレシピを長きにわたって届け続けることになった。

料理研究家としてアメリカのお茶の間で愛されたジュリア・チャイルドだが、最初から料理が得意だった訳ではない。ジュリア・マクウィリアムズとしてカリフォルニア州パサディナの裕福な家庭に生まれた彼女は、若い時はキッチンに立つ機会さえあまりなかった。家には専属の料理人がいて、ジュリアは彼らが作るローストビーフやマッシュポテトといった典型的なアメリカ料理を食べて育った。良家の子女には将来の選択肢があまりなかった時代である。活動的なジュリアは苛立ち、常に生き甲斐を求めていた。名門スミス大を卒業した彼女はニューヨークに出てコピー・ライターとして働いていたが、一九三七年にはカリフォルニアに戻って地元の出版社に勤めている。

飛躍のチャンスは戦争と共にやってきた。身長が高すぎるという理由で陸軍の婦人部隊に入れなかったジュリアだが、OSS（戦略事務局）がその育ちの良さとガッツを気に入って採用したのだ。OSSは第二次大戦中に活動した戦略諜報機関。CIA（中央情報局）の前身組織である。そのため、「ジュリア・チャイルドは戦争中に女性スパイとして華々しく働いていた」という噂が根強く残っている。

ジュリア・チャイルドは最初、ワシントンにあるOSSの本部で秘書として働いていたが、やがて長官付きの極秘事項調査員となる。インドや中国を拠点とした仕事はジュリアに広い世界を見せてくれた。何よりも、素敵な出会いがそこに待っていた。後に夫となるポール・チャイルドが美術部門で働いていたのだ。ポールはジュリアよりも十歳年上。絵を描き、写真を撮る芸術家肌で自由な気質の彼と、活力みなぎるジュリアは熱烈な恋に落ちた。

一九四六年、ジュリアが三十六歳の時に二人は結婚する。当時としては晩婚だ。アメリカ合衆国広報文化交流局に転職したポールの仕事の関係で、ワシントンD.C.で式を挙げた二人は海を越えてすぐにパリに渡った。

二人を乗せた客船が最初に入港したのは、ノルマンディのル・アーヴル。そこのレストランで最初に食べた生牡蠣、プイィ＝フュメの白ワイン、ヴィネグレットで和えたグリーン・サラダとバケット、舌平目のムニエル、そしてデザートのフロマージュ・ブランがジュリアの人生を永遠に変えた。彼女はフランスに恋をしたのだ。とりわけジュリアが愛したのはパリの市場の活気と新鮮な食材、そしてフランス料理の数々だった。

「そんなに食べるのが好きなら、料理学校へ行けばいい」

料理の腕では主婦失格というコンプレックスを持つジュリアに、夫は言った。彼女は名門料理学校コルドン・ブルーに入学する。最初は主婦向けの初心者コースに入ったが、すぐに物足りなくなり、ジュリアは男性ばかりのプロ養成コースに無理矢理割り込んだ。

他の生徒はみんな、アメリカに帰国してレストランを開業するのを目論む元G.I.だ。ジュリアは誰よりも熱心な生徒だった。授業は面白く、シェフが教える本格フレンチに彼女は夢中になって打ち込んだ。技術をひとつ覚えるたびに料理の謎が解けて、おいしさの秘密が明らかになる。努力家で、実践的で、論理的に物事を突き詰めるジュリアは、いつしか立派な料理人となっていた。

一九五一年、ジュリアはパリの料理愛好家のグループを見つけ、そこでシモーヌ・ベックとルイゼット・バーソルと出会った。三人は友達になり、自宅でささやかな料理教室を開く。フランスの家庭料理を在仏のアメリカ人主婦に教えるのだ。ジュリアは親切で教え方が上手く、実用的なレシピを心がけていたので、評判も良かった。研究熱心な彼女はレシピや素材についての知識を書き留めてフランス語から英語に翻訳していくうちに、「それを読みさえすれば、誰でも本格的なフランス料理を作れる本」を夢見るようになる。

ジュリアの四十代はたった一冊の本、『フランス料理という芸術の習得（Mastering the Art of French Cooking）』に費やされたといっても過言ではない。アメリカ人向きにフランス料理の本を作ろうとしていたシモーヌとルイゼットにジュリアは協力を申し出た。二人の原稿を読んだ彼女は立ちどころに問題点を理解した。このままではアメリカの主婦に分かってもらえない。アメリカ人に分かりやすく、丁寧に、正確にフランス料理のレシピを伝えることを目標に、ジュリアはアンダーウッド社のタイプライターに油を差してリライトに取りかかった。

しかし、ジュリアの完璧主義のせいで本はなかなか完成しなかった。やるからには、伝統的なフランス料理の素晴らしさを全て網羅し、かつアメリカ人が自宅のキッチンで作れるような工夫がしてあるものでなくてはならない。ジュリアはアメリカの食材の質の低さを嘆き、本についての様々な問題点をクリアするにはどうしたらいいか考え込むようになった。一九五三年、ポールの仕事の都合でパリを離れてマルセイユに移ると、ジュリアは魚市場に通って調理に使う魚の種類を網羅し、アメリカでの正確な呼び名について徹底的に調べた。ブイヤベースはこの時期に本のレシピに加わった。フランスを離れ、ポールの仕事でドイツに渡り、ワシントンD.C.に戻ってきても、ノルウェーに行っても、本は完成しなかった。

スープと野禽についての章だけで七百ページ。出来上がった本を見て、契約していたホートン・ミフリン社が手を引こうとした。それで、今度はもっとメニューを絞って作り直したところ、大手の出版社のクノップフ社が名乗りを上げた。編集者のジュディス・ベイリーが原稿からブッフ・ブルギニヨン（ブルゴーニュ風牛肉のワイン煮込み）のレシピを試したら、手順が分かりやすく、おいしく作れたので感激したのだ。

ベイリーは編集アシスタント時代、上司が出版を見送ろうとしていた『アンネの日記』をピックアップしたことで知られる目利きだった。彼女は『フランス料理という芸術の習得』以降、数多くの料理本の名作を世に送り出す名編集者になっていく。

更に改稿を重ねて、『フランス料理という芸術の習得』はようやく一九六一年の秋に発売された。七百三十二ページもある大著で、発売後すぐに完売という訳にはいかなかったが、「ニューヨーク・タイムズ」に書評が掲載されると人気に火がつき、その後何年も料理本でトップを走る大ロング・セラーとなった。

便宜上『フランス料理という芸術の習得』の著者は三人の連名になっていたが、実質的な仕事をしていたのはジュリアとシモーヌだったので、アメリカにおけるプロモーションツアーは主に二人で行った。NBCの朝の番組「トゥデイ」に出演した時は、簡単なメニューを調理する場面があった。オムレツを作るのに、番組は簡単なホットプレートしか用意してくれなかった。しかし何とか無事に完成。「テレビは、確かに素晴らしい新メディアだ」とジュリアはその時の感想を自伝『いつだってボナペティ!』に書いている。

ポールの引退に伴って、アメリカに戻ってケンブリッジで生活するようになったジュリアにテレビ出演の話が舞い込んだのは一九六二年のことだった。ボストンのローカル局WGBHのトーク番組にゲストで招かれたのだ。三十分フルに使えることを知った彼女は、簡単なレシピのデモンストレーションをそこで行うことを思いつく。結果は大成功。ローカル局には珍しく、「あの女性をもう一度観たい」という熱心な手紙が何通も舞い込んだ。そこで、ジュリアを主役とした料理番組、「フレンチ・シェフ」を制作することが決定したのである。

その時は誰も、自宅のキッチンのようなセットで素朴に喋るジュリアの人気が爆発するとは考えていなかった。新鮮な食材を手際よく料理し、視聴者に分かりやすいように見せるジュリアのレクチャーは確かに見事だった。しかしそれ以上に、ジュリアの気取りのなさが視聴者に受けたのである。

ある時、番組の収録中にジュリアは調理していたジャガイモをスタジオの床に落としてしまった。彼女は「まあ誰も見ていなければ問題ありませんよ」と平然と拾ってそのまま料理を続けた。調理に使っていたトマトジュースの残りを、アドリブでその場で飲み干して「ちょっとした役得ね」と言った回もあった。それは後に話に尾ひれがついて、ジュリアが調理用のワインで酔っぱらったという都市伝説となった。

気取りがなく、親しみやすいジュリア・チャイルドはまた、気骨のある女性でもあった。政治信条はリベラルで、保守的な父親とは政治の面で意見が全く合わず、最後まで本当の意味で心を通わせることはなかったと嘆いている。彼女はマーガレット・サンガーが設立した全米家族計画連盟に共鳴し、人工妊娠中絶の権利を支持した。一九八〇年代にはこの連盟の寄付金集めに保守的なテネシー州メンフィスで料理教室を開き、デモ隊の嫌がらせにもあっている。しかし、それで怯むようなことはなかった。

一九六五年に『フレンチ・シェフ』は全国放送となった。ジュリアはあらゆる一流紙に料理コラムを持ち、アメリカにその名を轟かせた。その手腕を徹底的に研究して、現在の地位を築いたのがマーサ・スチュワートである。

二〇〇二年、引退してしばらく経つジュリア・チャイルドの名前が久しぶりにマスコミに取り沙汰された。ニューヨークに住むブロガー、ジュリー・パウエルが三六五日かけて『フランス料理という芸術の習得』に掲載されている五二四のレシピ全てを作るというプロジェクトを敢行し、話題になったのである。このブログは後に『ジュリー&ジュリア』というタイトルで書籍になり、ベストセラーを記録した。二〇〇九年にはノーラ・エフロン監督によって映画化され、メリル・ストリープがやや誇張気味の演技でジュリア・チャイルドを演じて話題になった。

しかし、ジュリー・パウエルのブログに対するジュリア・チャイルドの反応は冷たかった。カリフォルニアの新聞記者がこの件についてインタビューすると、不快感を露にしたという。当時九十歳になっていたジュリアは、ブログと言われても何のことか分からなかったのだろう。かつて台湾で『フランス料理〜』の海賊版が出回った時と同じように、自分の権利が侵害されたと感じたのかもしれない。世間から離れて老人ホームで暮らしていて、気難しくなっていたとも考えられる。

ジュリア・チャイルドの仕事を献身的に支え続けた夫のポールは、一九九四年に亡くなった。背の高いジュリアのために特別誂えでテレビ番組用のキッチン・セットを作り、番組のために材料の下ごしらえ、食器やキッチン用品の洗浄、食材の搬送などを担当し、後半生をジュリアに捧げたポールだったが、七五年に心臓発作を起こしてから体力と精神の均衡を欠くようになっていった。ジュリア・チャイルドにとっては辛い時期だった。ポールが亡くなってからは、子どものいない夫婦だったのを寂しく思うこともあったようだ。

ジュリア・チャイルドは人生最後に何が食べたいかとインタビューで聞かれて、こう答えている。

「私の最後の食事はお家で気の合う友達と一緒に作ったものがいい」

牡蠣から始めて手製のライ麦パン、キャビアにウォッカ、アスパラガス、メインは家鴨料理に豆とジャガイモのバター煮を添えたもの、サラダはレタスとエンダイヴ、ワインは軽めのバーガンディかサンテミリオン、デザートに苺のシャルロットと貴腐ワイン、フルーツ、チョコレート・トリュフとコーヒー。それが彼女の考えた最後のディナー・パーティのためのメニューだった。

二〇〇四年、ジュリア・チャイルドはサンタバーバラの老人ホームで亡くなった。享年九十一歳。最後に彼女が口にしたのは、長年のアシスタント、ステファニー・ハーシュが作ってくれたオニオン・スープだった。ステファニーはそのスープのレシピを『フランス料理という芸術の習得』から見つけてきたという。スープを啜ったジュリアの顔は輝いた。彼女の人生は最後の一口まで、喜びに満ちたものだった。

嘘つきなテキスタイル・デザイナー
フローレンス・ブロードハースト
Florence Broadhurst

一九七七年、十月十五日。オーストラリアのシドニー郊外、パディントンで衝撃的な事件が起きた。大物テキスタイル・デザイナーのフローレンス・ブロードハーストがショールームで何者かに惨殺されたのだ。彼女は二階の簡易キッチンにいるところを襲われたらしい。遺体には生々しい暴力の形跡が残されていた。トイレに引きずられていった後、顔を九回にわたって殴られ、後頭部を叩きつけられた時の血の痕跡が壁に飛び散っていた。犯人に抵抗したためか指の骨が折れていて、彼女の自慢の指輪――三・四カラットのダイアモンドのものと、ダイアをエメラルドで囲ったもの――が紛失していた。

シルクスクリーン印刷の贅沢な壁紙で知られるこのデザイナーは、派手やかな赤い髪とファッション、そのカリスマ性でオーストラリア社交界の名物的な存在でもあった。犯人はつかまらず、警察が見守る緊張状態の中、フローレンス・ブロードハーストの葬儀は行われた。しかしそこで牧師が読み上げたプロフィールは、彼女の友人や工房のスタッフに新たなショックを与えた。英国の名家で生まれたと語っていたフローレンスが、生粋のオーストラリア人であることが判明したのである。

プロフィールの偽りはそれだけではなかった。パリで美術とデザインの勉強をしたという話も嘘だった。彼女は自分について、何ひとつ本当のことを言ってなかった。年齢さえ二十歳もごまかしていた。フローレンスは亡くなった時すでに七十八歳、トレードマークの赤毛はだいぶ前からカツラだった。

フローレンス・ブロードハーストほど、嘘によって多彩な人生を生きた人はいない。彼女は一八九九年生まれ。都会から離れたクィーンランドという土地で育った。農業から身を起こし、後にホテルを経営するようになった父親は、作り話で人を喜ばすのが得意なことで仲間内に知られていた。その能力を娘が引き継いだことは間違いない。

裁縫と歌が上手なフローレンスは、十代の時から華やかな世界に憧れていた。十六歳の時には地元のコンテストで優勝し、当時の有名な歌手デイム・ネリー・メルバーとダンサーのロバート・ヘルプマンのツアーに同行する予定だったが、突然の怪我で断念したと本人は語っている。恐らくこれは、彼女の最初期の嘘だろう。後年、マスコミの取材を受けることを最上の喜びとしたフローレンスは、自分の名が載ったものはどんなに小さな記事だろうと大事にスクラップして取っておいていた。この華々しいデビュー話の記事は彼女の所持品から見つかっていない。

一九二二年、フローレンスは二十三歳の時に巡業劇団に入り、アジア・ツアーに参加する。シンガポール、クアラルンプール、バンコク、ペナン、カルカッタ、デリー、香港、北京。髪をフラッパー風のボブに変え、ボビー・ブロードハーストという芸名をもらった彼女は、行く先々で上流階級の男たちからもてはやされて人気者になった。田舎暮らしの少女は、異国でエキゾチックな歌姫に生まれ変わり、セレブリティとなったのである。

大連で劇団のツアーが終了すると、彼女はそのまま居残って上海で中国在住の欧米人向けにダンス・スクールを開いて更なる成功を夢見た。しかし、開校のニュースを地元の新聞に大々的に載せたすぐ後に、アジアの政治の動向が怪しくなり始めた。身の危険を感じたフローレンスは一時的なつもりで一九二七年、オーストラリアに帰国した。

故郷で凱旋公演を開いた後、都市部で自分のお披露目を考えていたフローレンスだが、ここで思いがけない悲劇が待っていた。浮かれて飲酒運転をした結果、大事故を起こして頭蓋骨を骨折。日常生活に困るほどではなかったが、後遺症のせいでダンサーとしては再起不能となってしまった。

しかし、そんなことで挫《くじ》けるフローレンスではない。名声を得るチャンスがひとつダメになったら、プランを変更すればいいだけのこと。彼女はすぐにヨーロッパに渡る。

フローレンスは英国でお金持ちの株仲買人パーシー・ウォルター・グランドストーン・カーンを見つけて結婚し、過去を捨てた。この結婚の時、彼女は早くも年齢を二歳ごまかしている。贅沢な暮らしを夢見たフローレンスだが、当てが外れた。一九二九年に株が大暴落すると、夫は財産を失ってしまう。

次に彼女が世間に現れたのは一九三三年。フローレンスはまた、まったく違うキャラクターを用意していた。彼女はボンド・ストリートにシックなドレス・サロンを持つフランス人デザイナー、マダム・ペリエに変身していたのだ。

フローレンスは結婚前に短い期間働いていたロンドンのデザイン会社の顧客リストと、流行のデザインをコピーする器用さで新たなキャリアを築こうとしていた。ファッションの世界ではデザイン以上に、上流階級の人脈が物を言うと彼女は知っていた。一九三五年の英国版「ヴォーグ」に彼女のデザイン画が掲載されているくらいだから、実際にある程度の人気はあったのだろう。しかしヨーロッパはすぐに戦争に突入し、マダム・ペリエのキャラクターは短命に終わった。

マダム・ペリエとして働いていた時代、彼女は自分のサロンで出会った二十六歳の若い男、レオナルド・ロイド・ルイスと懇意になった。この頃、姓をブロードハーストに戻しているが、カーンと正式に離婚したのかは分かっていない。フローレンスはルイスと内縁関係になると、今度は黒かった髪を金髪に染めて清楚なスーツに身を包み、三〇年代後半は戦時の英国を守るために活動する上流階級夫人、ミセス・ルイスになりきった。

戦後、彼女は事実婚の夫レオナルド・ルイスと息子を伴って、オーストラリアに帰国する。一九五四年になると今度はフランスで修業した画家という触れ込みで、マスコミに自分を売り込んだ。確固とした実績を築く前に取材を受ける、それは彼女の常套手段だった。フローレンスは芸術家というよりもＰＲが得意のスポークスウーマンであり、スポットライトを浴びることが何よりも好きだったのだ。展覧会は「（オーストラリアを代表したいという）彼女の野心に見合うような才能は持ち合わせていない」と批評家に酷評されて、絵はろくに売れなかったが、チャリティ・イベントなど社交界の有名人が集まる催しにはかならず出席し、自分をアピールすることを忘れなかった。

しかし実質を伴わない仕事ぶりと、レオナルド・ルイスとの破局により、華やかなローレンス・ブロードハーストもついに食い詰める時がやってきた。

収入が途絶えた彼女が当てにしたのは、自分が所有しているシドニー郊外のトレーラー・パーク（移動家屋用の駐車場）だった。そこを借りていた若いカップルはケンカ別れをして、残った男性が家賃を滞納していた。十八歳のジョン・ラングはシルクスクリーン印刷の会社を興そうとしているアーティストだった。賃料の取り立てにフローレンスが彼を訪ねると、ジョン・ラングは自分の作品を見せて会社の構想を話し、家主を安心させようとした。

木枠に貼られたラングのシルクスクリーンの作品を見たフローレンスの瞳が一瞬、キラリと光った。「こんなのじゃダメ、売れないわ」。彼女は鮮やかな色の絵の具を選んでそれをつかむとラングの鼻先に突きつけた。「こういう色を使ったものが売れるのよ」。その色を使って、フローレンスは繊細なパターンが施されていた彼の作品を塗りつぶし、新しい作品を作り上げた。「これこそが私の求めているものだわ！」

こうして、テキスタイル・デザイナー、フローレンス・ブロードハーストは誕生した。

一九五九年、彼女は自分の壁紙会社「オーストラリアン・ハンドペインテッド・ウォールペーパー」を設立する。ろくな技術もなく、二十歳そこそこの若いスタッフばかりの初期の工房はカオス状態だったが、フローレンスの読みは確かだった。折からの建築ラッシュで、内装業は成長株だったのだ。そのダイナミックな色遣いとデザインの幅の広さ、手作業による仕事の繊細さ、そして本人のキャラクターを活かした巧みな宣伝効果によって彼女の会社は急速に大きくなった。自分を全面に押し出すのが好きなフローレンスは会社の名前を「フローレンス・ブロードハースト・ハンドペインテッド・ウォールペーパー」に変える。一九六〇年代から七〇年代にかけてフローレンスはオーストラリアを代表するデザイナーになった。

「テキスタイル・デザイナー」は、初めて成功した彼女の〝役柄〟だった。彼女はこの役に打ち込んだ。平均睡眠時間は四時間から五時間、週に六日間休みなく働き、工房のスタッフにも同じことを要求した。現在では、フローレンス自身はほとんどデザイン画を描いていなかったこと、ウィリアム・モリスの作品からサイケデリックなレコード・ジャケットまで、気に入ったものは何でも工房に持ち込んで職人たちにコピーさせていたことは周知の事実となっている。生前は決して漏れなかった秘密だった。スタジオに取材や客が来るとフローレンスは実際にデザインに携わっているアーティストを追い払い、絵筆をとって自分がデザイン画を描いているふりをした。

それでも、普通のデザインのセオリーでは考えられない色の組み合わせ、模様の大きさ、ヴィクトリア調からアールデコ、サイケデリックと、はちゃめちゃなラインナップながら不思議な統一感があるデザインの根底には、フローレンスの強烈な個性がある。その大胆さが六〇年代の時流にぴったりとマッチしていた。強烈な色の組み合わせはオーストラリア的でもあった。

初期のデザインを支えたのは、不本意ながらフローレンスの片腕となったジョン・ラングである。彼はシダの葉をあしらったデザインにこっそり自分の名前を紛れ込ませるという悪戯をしている。フローレンスに対するジョン・ラングの心境は複雑だった。自分を利用するだけの女だと思いつつ、彼は一方で、明確なビジョンを持ったアーティストとして彼女を認めていたのである。

デザイナーとしての全盛期、実は既に高齢であった彼女は、レストランのメニューも読めないほど視力が弱まっていた。そのために、職人たちにデザインをさせる時、よりはっきりとした色遣いや大きなパターンを要求したのである。それがあの破格のデザインにつながったのだろう。誰が実際のデザインを手がけたのにせよ、あの壁紙はそれに付随する物語も含めてフローレンス・ブロードハーストの「作品」なのである。

その時その時で新しいプロフィールを作ってきたフローレンスは、常に自分が作ったキャラクターの退場の時機を心得ていた。彼女の死後まもなく、オーストラリアではミニマルなデザインが流行し、華やかな壁紙は時代遅れとなった。

しかし、時代の流れなどで消えてしまうフローレンス・ブロードハーストではない。何度も新しい役柄を得て蘇ったデザイナー本人のように、フローレンスのテキスタイルは二十一世紀に入って一気に世界的な再評価が進み、彼女が残したテキスタイル・パターンはデザイナーたちに引っ張りだことなった。

英国風の花模様、金地をバックにしたエキゾチックな鳥の模様が東洋を思わせる「異国の鳥」をはじめとするオリエンタルなパターン、六〇年代的サイケデリック風のペイント、会社の代表的なデザインであるアールデコ調の「ジャパニーズ・フラワー」、モダンなアブストラクト・デザインの「ターンアバウツ」、オリエンタルな幾何学模様の「サークルズ&スクエアズ」、五〇年代の絵本がオリジナルと思われるヘタウマな動物イラストが描かれた「ウサギとプードル」「猫とネズミ」「子犬たち」といった子ども部屋用の動物模様。フローレンス・ブロードハーストのデザイン・ライブラリーには五三〇もの手描きデザインが残され、デザイナーのマーク・ジェイコブスやステラ・マッカートニー、ミュージシャンのカーリー・サイモンといった彼女の作品のコレクターや、最新のデザイン製品を通して彼女の名前を知った新しいファンの目を楽しませている。

フローレンス・ブロードハースト殺人事件は現在も未解決のままである。残忍な殺しの手法が似ているため、一九八九年から九〇年にかけて老女ばかりを狙って殺害した連続殺人犯ジョン・ウェイン・グローバーが犯人ではないかとも言われている。それとも、人を信用しない彼女がいつもハンドバッグに大金を入れて持ち歩いていることを知っている者の犯行だったのか。あるいはデザイン絡みの怨恨か。真相は謎に包まれている。

人々の注目を浴びることを生き甲斐としていたフローレンスはひょっとして、自分の死がセンセーショナルなニュースになり、ミステリアスな謎として今も人々の口にのぼることを墓中で喜んでいるのかもしれない。

「ニューヨーカー」の孤独なコラムニスト
メーヴ・ブレナン
Maeve Brennan

一九二五年創刊の「ニューヨーカー」。文芸誌であり、ニューヨークの街の情報を網羅したタウン誌でもあるこの老舗雑誌は、数多くの伝説的な作家や記者を生み出してきた。初期のスタッフ・ライターの大半は男性だが、印象的な女性の書き手も多い。レギュラー寄稿者だったドロシー・パーカー。禁酒法時代に「リップスティック」という変名で潜り酒場のレポートをしたロイス・ロング。そして一九四〇年代から短編小説の数々が採用され、スタッフ・ライターとして編集部に入ったメーヴ・ブレナンも「ニューヨーカー」誌を代表する女性ライターの一人だった。ニューヨークの街で見聞きしたことを記者たちが変名で書く名物コーナー「街の噂」では、メーヴは「とりとめのないおしゃべりレディ（The Long-Winded Lady）」として知られていた。

「とりとめのないおしゃべりレディ」は「街の噂」の寄稿者の中でも、特にユニークな存在だった。本当に女性が友人と話しているような気ままな文体で、おしゃべりレディは自分が街で見かけた情景を鋭く切り取った。午後、エッグ・ベネディクトとマティーニで遅いランチをとっている時に、レストランの窓から目撃した若い女性の死。靴のヒールが壊れて駆け込んだ高級デパートのバーグドーフ・グッドマンで、ふと盗み聞きしたジョン・F・ケネディに関する話。おしゃべりレディが描く場面は短編小説のようでもあり、ストリート・スナップのようでもあった。軽やかで洗練されているが、どこかひんやりとした感触があって、孤独の気配がした。

メーヴ・ブレナン本人もエレガントな孤高の人だった。彼女はいつも細身の身体にぴったりと仕立てた黒いドレスを着て、ハイヒールを履いていた。襟には常に赤いバラかカーネーションを飾り、髪は高い位置で結い上げ、濃い色のルージュを好んだ。彼女が「ニューヨーカー」編集部の廊下を歩くと、ロシア革のパヒュームの香りが漂ったという。

しかし、一九八〇年代に「ニューヨーカー」の編集部に入った詩人で作家のシンシア・ザリンが聞いたのは、もっと別の噂だった。

「ずっと編集部のトイレに棲みついている頭のおかしな老女がいるらしい」

彼女が編集部を去ってから十年以上の歳月が流れていたが、「ニューヨーカー」におけるメーヴ・ブレナンの存在はホラーのような都市伝説になっていた。

メーヴ・ブレナンは一九一七年、アイルランドのダブリンで生まれた。アイルランド義勇軍だった父ロバートは独立運動の中心人物の一人で、彼女が生まれた時にはイースター蜂起に参加したかどでマイケル・コリンズと共にキルメイナム刑務所に投獄されていた。彼らの仲間だったエイモン・デ・ヴァレラが初代アイルランド大統領になると、ロバートはワシントンでアイルランド公使館の長官を務めるために家族とアメリカに渡る。後にアイルランド自由国のワシントン大使となった。

次女であるメーヴはこの父親から反骨精神と文才を受け継いだ。十七歳でアメリカに渡ったメーヴはワシントンでカトリック大学に進学、社交界の華となるが、突如家族のもとを離れてニューヨークに働きに出ることに決めた。婚約目前と思われていた恋人の演劇評論家、ウォルター・カーの心変わりがその原因だった。

一九四三年、メーヴ・ブレナンはファッション誌「ハーパース・バザー」のコピーライターとして働き始め、四九年には寄稿した記事が認められて「ニューヨーカー」にスタッフ・ライターとして抜擢される。最初は無記名で書評やファッション記事などを担当していた。それと平行して「ニューヨーカー」や古巣の「ハーパース・バザー」に彼女の短編小説が載るようになった。更に一九五三年に「とりとめのないおしゃべりレディ」として「街の噂」のコーナーに登場すると、彼女はすっかりこの雑誌の名物ライターになった。

男性スタッフが多数を占める一九五〇年代の「ニューヨーカー」編集部で、メーヴの存在は際立っていた。彼女を「ニューヨーカー」に紹介したスタッフ・ライターで作家のブレンダン・ギルや『アダムス・ファミリー』で有名なコミック作家のチャールズ・アダムス。アイルランド人らしく滅法お酒に強く、辛辣で小柄なこの美女に恋をしていた編集部の男性も少なくない。神経が細く、家事が大嫌いなメーヴは結婚生活には不向きな女性で、住んでいるアパートメントにはキッチンさえなかった。付き合う男性や噂になった相手はみんな既婚者だった。彼女にはどこか人を寄せつけない風情があったという。同僚だったエッセイストのロジャー・エンジェルはこう言っている。

「メーヴは我々の仲間ではなかった。彼女の仲間は彼女だけだったんだ」

メーヴ・ブレナンが他のスタッフ・ライターや作家たちと距離を置いていたのは、彼女がアメリカでは異邦人だったという理由も大きい。故郷への想いは強く、メーヴの書く小説の舞台の多くはアイルランドだった。ノスタルジーは断ち難かったが、アイルランドには複雑な想いも抱いていた。当時のデ・ヴァレラ政権下では、女性たちに職業の選択の自由はなかった。保守的なカトリックの気風は強くなる一方で、アメリカの都会で働く独身女性のメーヴは、アイルランドに帰国した家族を訪ねるたびに気まずい思いをした。

メーヴ・ブレナンの死後に発見された中編小説「訪問者（The Visitor）」は、パリで母親を亡くしてダブリンの祖母の家に戻ってくる独身女性が主人公だ。一九四四年か四五年、メーヴが二十代後半の頃に書かれた作品だが、彼女はここで未婚の処女のまま年老いて死んでいくことの恐怖と、かつて自分が住んでいた場所で感じる疎外感を描いている。メーヴはニューヨークでは異邦人だったが、生まれた場所のダブリンでも既に〝訪問者〟に過ぎない存在になっていたのだ。

メーヴ・ブレナンはクリスマスが大嫌いだった。普段ニューヨークのバーで飲んでいる仲間たちは、みんな家族と過ごすために家や生まれた町に帰ってしまう。一九五四年に戦争ジャーナリストのセント・クレア・マッケルウェイと結婚してしまったのは、年始年末に感じたそんな寂しさ故だったのかもしれない。

マッケルウェイは優れたノンフィクション作家で、長身のハンサムだった。メーヴと結ばれるまでに三度の離婚経験がある。チャーミングで才能があったが、アルコール依存症で精神が不安定な上、経済観念がまるでなかった。そこがメーヴ・ブレナンとよく似ていた。結婚した時、彼女は三十七歳でマッケルウェイは四十九歳だった。二人はアパートやホテルを渡り歩いて借金を重ね、そのツケは「ニューヨーカー」の編集部が払った。

一九五九年に二人は離婚。放蕩生活の末に負った莫大な借金だけがメーヴ・ブレナンに残った。マッケルウェイとの結婚で唯一メーヴに良かったことがあるとすれば、彼が週末に過ごす家を持っているニューヨーク州の小さな町パラセイズで、隣人としてジェラルド・マーフィーとセーラの夫婦と知り合ったことだ。カルヴィン・トムキンズの『優雅な生活が最高の復讐である』の題材であり、スコット・フィッツジェラルドの『夜はやさし』の主人公カップルのモデルとして知られる、ロスト・ジェネレーションのトレンド・セッターだったカップルである。彼らはメーヴの美意識と、独り暮らしを愛しながらも人恋しいところのある矛盾した性格を理解し、気遣って、イースト・ハンプトンにある自分たちの別荘を無料で彼女に貸し出した。メーヴは別荘族がその地に押しかけるサマー・シーズンにはマンハッタンでホテルやアパートを転々とし、シーズンオフに戻ってくると何匹もの猫とブルーベルという名の大きなブラック・レトリバーと平和を楽しんだ。メーヴの留守中にブルーベルを預かっていたのは、『動物園物語』で有名な劇作家のエドワード・オールビーだ。メーヴを敬愛する彼は『毛沢東語録』というタイトルの一幕劇に「とりとめのないおしゃべりレディ」という名の登場人物を出して、彼女に捧げている。

一九六四年に父ロバートと保護者的な存在だったジェラルド・マーフィーを相次いで失うと、だんだんとメーヴの奇行が目立ち始めた。一九六八年には「とりとめのないおしゃべりレディ」のコラムが一冊の本にまとまり、初の短編集『ネヴァー・ネヴァー・ランドの内外で（In and Out of Never-Never Land）』が発売されて作家としてのキャリアは順調だったが、帰る場所も家族も持たないメーヴは孤独に精神を蝕まれ、自分の居場所としての「ニューヨーカー」のオフィスに固執するようになっていった。親しい同僚たちはメーヴが深夜も早朝もオフィスで煙草をふかしながら原稿を書いていることに気がついた。その頃から、彼女は女子トイレの隣の小さな仮眠室で夜を過ごすようになった。

一九六八年にマンハッタンを離れると、メーヴはマサチューセッツ州の街をさまよった。一九七〇年にはニューハンプシャー州のアーティスト用のコロニーに落ち着いたが、彼女はそこで何も書けなかった。おしゃべりレディの姿は「ニューヨーカー」から消えつつあった。一九七〇年に掲載されたエッセイは一編だけ。その後、一九七三年までメーヴ・ブレナンの原稿は掲載されていない。

メーヴがどうにかスランプを脱して書き上げた短編「スプリング・オブ・アフェクション（Spring of Affection）」は彼女の親族に波紋を呼んだ。自分たちをモデルとして残酷に家族を描いたメーヴを、彼らは許さなかった。

ニューヨークに戻ってきたメーヴはすっかり精神のバランスを崩していて、何者かが彼女を追いかけているという妄想にとらわれていた。メーヴはいつも身を隠すようにトレンチコートに身を包み、ベレー帽ですっぽりと頭を覆って、知り合いと目を合わさないようにしていた。「ニューヨーカー」のオフィスでは四六時中化粧を直して顔を厚塗りし、ホテルや借りていたアパートに帰らず、トイレの隣の仮眠室で寝泊まりするのが恒例になった。怪我した鳩をオフィスに持ち込む。経理で小切手をもらうと即座に換金して、街角で道ゆく人に配ってしまう。そんなメーヴをどうにもできなくて友人たちが手をこまねいている内に、事件が起きた。

ある朝、編集部のフィリップ・ハンバーガーが出社すると、自分のオフィスのドアのガラスが割られ、中が荒らされているのに気がついた。作家のジョセフ・ミッチェルや経理のミルトン・グリーンステインのオフィスも同様だった。みんなメーヴを気遣っていた同僚だ。自分のオフィスで発見された彼女の手首には自殺未遂の跡があった。とうとう、メーヴの面倒をずっと見ていた編集者で作家のロバート・マックスウェルが彼女を精神病院に入院させた。

その後、メーヴはアイルランドで従姉妹の世話になったり、アメリカに帰国して一時期は弟の一家と暮らしたりしていた。メーヴの従姉妹の息子で、後に『ザ・コミットメンツ』などの作品で有名になる作家のロディ・ドイルは、実家の裏庭のゲストハウスで暮らしていた頃のメーヴ・ブレナンを覚えている。甥や姪にとって、メーヴはクールでミステリアスな女性だった。しかしメーヴは彼らの前から忽然と姿を消して、行方知れずになった。

「ニューヨーカー」のオフィスには出入り禁止になったメーヴ・ブレナンだったが、時折、編集部にはおしゃべりレディからの原稿が舞い込んだ。彼女のために開いた銀行口座から現金を引き出した記録もあり、メーヴがどこかで生きているのは間違いなかった。ロックフェラー・センターの近くで、ホームレスたちに混じって彼女が座っていたという噂もあった。

一九八一年、スタッフ・ライターの女性が「ニューヨーカー」の編集部のオフィスの外で座り込んでいる老女を見かけた。汚い髪をもつれさせて、くしゃくしゃの黒い服を着ている。二日続けてやって来た後、彼女はもう戻ってこなかった。老女に遭遇したライターが後日、若き日の写真で彼女の正体を確認した。それがメーヴ・ブレナンの最後の目撃情報だった。

同じ年の一月に「ニューヨーカー」におしゃべりレディの最後の原稿が掲載された。タイトルは「祝福」。幼少期を過ごしたアイルランドの家の思い出を語り、大晦日のニューヨークの美しさに触れた後、「おしゃべりレディ」は読者にメッセージを残して去っていった。

「皆さんの家に祝福があり、家を出る時も更に祝福があって、どこにいても安全でいられるように私は万能の神に祈っています。皆さんの家に祝福を。新年おめでとうございます」

メーヴ・ブレナンは一九九三年に死亡。晩年はニューヨーク州の介護施設で過ごした。そこから姪に宛てた手紙には、ジェームス・ジョイスと結婚して沢山の子どもに恵まれた人生をおくったという彼女の幻想が綴られていた。近年、メーヴの作品は再評価されて、短編集はジョイスの「ダブリナーズ」に匹敵するという声も上がっている。

「気まぐれなおしゃべりレディ」のコラム集の序文で、自身の文章についてメーヴ・ブレナンは「どこよりも面倒で、乱暴で、野心的で、複雑で、おかしくて、悲しくて、冷たくて、人間くさい街をゆっくりと長い間旅して撮ったスナップ・ショット」のようだと書いていた。

「二十五年間ニューヨークにいるけれど、おしゃべりレディは自分のことを本当のニューヨーカーだと思えない。名づけていえば、居留中の旅行者ってところね」

「居留中の旅行者」というフレーズは、トルーマン・カポーティの小説『ティファニーで朝食を』（一九五八）のヒロイン、ホリー・ゴライトリーを思い起こさせる。ホリーは自分の名刺に住所代わりに「旅行中」と書いていた。メーヴ・ブレナンとカポーティは彼女が「ハーパース・バザー」の編集部にいた時に知り合い、友人だったという。いつも猫を飼い、執筆の際には大きな眼鏡をかけていたメーヴはホリー・ゴライトリーのモデルの一人だと考えられている。

『ティファニーで朝食を』でホリーが飼っていた猫と、メーヴが一九六六年に発表した短編「こっちを向いて、ビアンカ」で主人公の男性が拾う猫を比べてみると興味深い。『ティファニーで朝食を』の語り手は、ホリーが街に放した猫が別の家に飼われているのを最後に見つける。でもメーヴの書いた猫のビアンカは、主人公の家を逃げ出して街の中に消えたきり、二度と姿を現さなかった。

アーティストたちを虜にした美神

キャロライン・ブラックウッド

Caroline Blackwood

その忘れがたい肖像画は、ロンドンのナショナル・ポートレート・ギャラリーに飾られている。シーツに包まれた若い女性が掛け布団から肩を出して、頬杖をついている絵だ。縦四五・七センチ、横三〇・五センチとサイズは拍子抜けするほど小さい。金髪と白い肌の質感が生々しく、どこか荒んだ雰囲気がある。何よりも印象的なのはそこに描かれている女性の大きな青い瞳と、宙をさまよう虚ろな眼差し。一九五二年、パリのホテルでルシアン・フロイドが恋人のキャロライン・ブラックウッドを描いたものだ。タイトルは「ベッドの中の女」。当時の彼女は二十一歳。ダッファーリン侯爵を父に、黒ビールの製造で巨万の富を得た名門ギネス家の娘を母に持つ彼女は、アイルランドの貴族だった。

二十世紀最高の具象画家と呼ばれ、後に存命中の画家として最も高値で作品が取引されるようになるルシアン・フロイドだが、この頃はまだ無名の青年に過ぎなかった。「ベッドの中の女」は彼の初期の傑作のひとつに数えられている。

ルシアンとキャロラインは、作家イアン・フレミングの妻、アン・フレミングによって引き合わされた。当時のルシアン・フロイドは、有名な心理学者ジグモンド・フロイトの孫だというのが自慢の美青年。貴族や上流階級の女性から可愛がられ、パーティでの無礼講が許される存在だった。マーガレット王女も出席するフォーマルなパーティに招かれたルシアンは、そこで会場の隅で黙りこくっているキャロラインに目を留めた。

彼女はひどく薄汚い服を裏返しに着ていた。美しい金髪が乱れてもつれているところを見ると、ここ何日かはシャワーも浴びていないらしい。それでも、そのゴージャスな美貌は隠しようがない。彼女が翡翠のような大きな瞳で鋭い一瞥をくれると、誰もが息を呑んだ。

キャロライン・ブラックウッドの視線に射抜かれ、彼女に選ばれた者の道はひとつしかない。彼女に取り憑かれて傑作を生み出すか。自滅するか。ルシアン・フロイドはキャロラインをモデルに「ベッドの中の女」「ホテルの寝室」といった傑作を描き、巨匠への一歩を踏み出した。

写真家のウォーカー・エヴァンスは一九五八年にニューヨークでキャロラインに出会うと、このうら若き美女に夢中になって結婚を夢見た。それは叶わなかったが、彼女のポートレート写真は撮影させてもらえた。美貌で知られながら外見に構わず、女優としてもモデルとしても上手くいかなかったキャロラインだが、ウォーカー・エヴァンスには心を開いて素晴らしい作品を二人で作り上げた。カメラのレンズに向けた強い眼差しが、運命を感じさせる。

そんなキャロラインを人魚に例えたのが、彼女の三番目の夫で詩人のロバート・ローウェルだ。二人の出会いと熱情、それによって生じた前妻との離婚について描いた『ザ・ドルフィン』は、彼に二度目のピューリッツァー賞をもたらした。

アーティストである彼らにとって、キャロラインが美しいだけではなく、資産と爵位を持った女であることも魅力だった。彼女の美、財産、そして血筋は絶えず男たちを惹きつけ、そのことがキャロラインを苦しめもした。キャロラインのアルコール中毒や奇行、家事の放棄は伝説的だが、ひょっとしたら彼女は男たちが自分の何を愛しているのか試したかったのかもしれない。

キャロライン・ブラックウッドは一九三一年生まれ。幼少期は北アイルランドにあるダッファーリン家の広大な屋敷で過ごした。父は早くにミャンマーで戦死。ロンドンの社交界の華である母は滅多に家に帰ることがなく、キャロラインと妹、弟の三人は暴力的な乳母と孤独に耐えながら育った。

美しいキャロラインが十八歳になると、母親は喜びいさんで彼女を社交界デビューさせたが、内気なキャロラインはパーティの最中、バスルームに閉じこもってばかりいて、母親を失望させた。

窮屈な貴族生活と母への反抗心もあって、キャロラインはルシアンとパリへ駆け落ちする。一九五三年に二人はロンドンで結婚するが、一緒の生活は長く続かなかった。ルシアンは次から次へと愛人を作り、親友のフランシス・ベーコンとつるんでギャンブル三昧の生活をおくって新妻を顧みなかった。キャロラインは彼に愛想を尽かし、叔母のいるローマに逃げていった。彼女に去られたルシアンの失望はあまりに大きく、フランシス・ベーコンは彼が自殺するのではないかと本気で心配したという。

キャロラインはその後、ハリウッドに渡り、女優修業のために訪れたニューヨークで二番目の夫、作曲家で音楽評論家のイスラエル・シトコウィッツに会った。

二人は一九五九年に結婚、十三年の結婚生活の間に三人の娘が生まれたが、イスラエル・シトコウィッツはキャロラインにとっては「夫」というよりも、「家政夫」のような存在だった。アメリカを代表する作曲家アーロン・コープランドの愛弟子として知られ、将来を嘱望された音楽家であったシトコウィッツだったが、人生の後半は子どもたちの世話と、散らかり放題の屋敷での家事に明け暮れた。

その頃、キャロラインは右翼系の雑誌で記者として働き始めたばかり。彼女に執筆を勧めたのはシトコウィッツだと言われているが、酒を飲まなければ一行も書けないキャロラインがライターとして台頭していくに従い、彼は音楽家としての地位を失っていった。

既に夫婦としては破綻していたのに、キャロラインがロンドンに移住する時に、シトコウィッツは彼女について行った。ニューヨークに残っても、キャロラインが邸宅を売り払ってしまったせいで、彼にはカーネギー・ホールの狭い一室しか残されていなかったのだ。ロンドンで仕事もなく、運転免許証もないシトコウィッツは、娘たちの父親兼世話係としてアパートの部屋をあてがわれて生活し、一九七四年に心臓発作で死亡した。

キャロラインの新しい夫が彼女に捧げた運命的な詩集、『ザ・ドルフィン』を上梓する直前のことだった。

若く、パワフルなキャロラインに嫌われるのを恐れていたのか、シトコウィッツが年齢を十歳もごまかしていたことが判明したのは、彼の死後だった。キャロラインはその瞳と破滅的な生活ぶりで、才能のある男たちを圧したのだ。それまでの詩にはない平易な言葉で赤裸々に心情を綴り、自伝的・告白的な詩で文学界にセンセーションを起こしたロバート・ローウェルも例外ではなかった。彼がキャロライン・ブラックウッドと恋に落ちたのは一九六九年。客員教授としてオックスフォードを訪れた時のことだった。

ロバート・ローウェルは極度の双極性障害で、ずっと躁状態と鬱状態を行き来しながら人生を過ごしてきた。作家のエリザベス・ハードウィックという献身的な妻がいたが、躁になると女たちに入れ上げ、教えているハーバード大学で女学生たちと情事を持った。しかし、キャロラインとの関係はただの浮気とは違った。互いに夢中になった二人は、それぞれの離婚が成立する前に息子をつくり、ローウェルはニューヨークとキャロラインがいる英国のケント州のカントリー・ハウスを行き来する二重生活を送るようになる。

一九七四年、ローウェルは『ザ・ドルフィン』を発表する。別れた妻の手紙の文面や電話の内容まで織り込んだこの詩集はスキャンダルを巻き起こし、彼に二度目のピューリッツァーをもたらした。ただ、詩集の中でその類い希なる瞳を称賛されたにもかかわらず、キャロラインは不満だった。彼女はローウェルに利用されていると感じるようになっていた。

『ザ・ドルフィン』に描かれたキャロラインの姿は、美しいのと同時に残酷なイメージに満ちている。彼女は「雨ざらしにした恋人たちの骨を塩漬けにして貪り食う」人魚であり、「獲物を探して七つの海を自由に旅する生まれたてのシャチ」だった。ロバート・ローウェルにとってキャロラインは創造力を蘇らせてくれたミューズであるのと同時に、死の淵に自分を誘い込むセイレーンだった。

精神の均衡を崩して暴力を振るうようになったロバートと、アルコール依存症で怒りに満ちたキャロライン。二人の結婚生活は破綻した。キャロラインが二人の住んでいた邸宅を売り払い、子どもを連れてアイルランドの田舎に逃げると、疲れ果てたローウェルは彼女を諦めてエリザベス・ハードウィックの待つニューヨークに戻ることを考え始める。これはキャロラインには耐えられないことだった。自分が男の元を去るのはいい。しかし、相手が自分を捨てるのは許せなかった。

一九七七年、離婚の話し合いのためにアイルランドを訪れたロバート・ローウェルは、キャロラインがロンドンに行っている間にニューヨークに戻っていった。彼は去り際、どういう訳か家の壁にかかっていたフロイドの「ベッドの中の女」を外して持っていった。ＪＦＫ空港に着き、タクシーに乗り込むローウェルはこの肖像画をしっかり抱えていた。そしてエリザベス・ハードウィックのアパートに着く前に心臓発作を起こして、「ベッドの中の女」を胸に抱えたまま後部座席で冷たくなっていた。人魚は彼を前妻に渡さなかった。冷たい海の底へと詩人を引き摺り込んでいった。

かつての夫たちが立て続けに亡くなった一九七七年、キャロライン・ブラックウッドの小説家としての才能が花開いた。その年に発表した小説『グレイト・グラニー・ウェブスター（Great Granny Webster）』がブッカー賞の最終候補に選出されたのである。『グレイト・グラニー・ウェブスター』は、主人公が父方の曾祖母と英国の城で過ごした少女時代の思い出から始まる。彼女には、この冷たい人物と自分の父親の強い絆が謎だった。やがて、極楽蜻蛉のような叔母ラヴィニアと父の友人の証言から呪われた家族の歴史が明らかになってくる。祖母は曾祖母ウェブスターから無理やり貴族の元に嫁がされて、人里離れた古城で次第に精神を病んで徘徊するようになり、長年にわたって幽閉されていた。孫である主人公の兄の洗礼式で久しぶりに人前に出たが、彼女は赤ん坊を床に叩きつけて殺そうとする。それ以降は二度と人前に姿を現さなかった。

暗く、ゴシックでありながら、乾いたユーモアのあるこの作品で描かれる呪われた一族のモデルは、作者自身の家族だった。『グレイト・グラニー・ウェブスター』は絶賛されたが、厳密には「フィクション」と言えないという理由でブッカー賞を逃した。キャロライン・ブラックウッドも後に、あまりに真実をそのまま書き過ぎたと言っている。

小説以外で有名なキャロライン・ブラックウッドの作品といえば、マリアンヌ・フェイスフルが一九八三年に発表したアルバム「ア・チャイルズ・アドベンチャー」に収録されている「シーズ・ゴッタ・プロブレム」だ。アルコールと恋愛によって上流階級からドロップアウトしたという意味で、この二人はよく似ている。酒浸りの女が自分の最期を思うという「シーズ・ゴッタ・プロブレム」の歌詞の内容は、マリアンヌのことのようにも、キャロライン自身のことのようにも読める。一九九六年にキャロラインがニューヨークのメイフェア・ホテルで病死する直前、マリアンヌ・フェイスフルは彼女のもとを訪れてあのしわがれ声でこの歌を捧げた。

長らく疎遠だったルシアン・フロイドも、メイフェア・ホテルに電話をかけてきた。モルヒネで朦朧とした顔でホテルのベッドに横たわるキャロラインの姿は、かつて画家がキャロラインと自分をモデルに描いた「ホテルの寝室」を思わせた。キャロラインは「ベッドの中の女」に描かれた自分の姿について、その頃の本当の彼女というよりも「未来の予言」のようだと語っていた。肖像画の自分が実際よりも老けて見えたのにショックを受けたのだ。キャロラインは他の女たちと違い、自分の美を保つ努力を全くしなかった。そのため、年齢よりも早くに年老いていった。死の間際、彼女はフロイドが描いた通りの姿になったのだ。

キャロラインの娘たちにも、それぞれにドラマがある。長女のナターリャは十五歳で学校を退学になった後、ロンドンのフラットで奔放な生活を送った。放任主義のキャロラインは、何も口出ししなかった。ナターリャはヘロインの過剰摂取により十七歳で死亡。その少し前にロンドンでルシアン・フロイドと会い、母のかつての夫と近親相姦のような情事を持ったという噂がある。次女ユージニアは俳優のジュリアン・サンズと結婚。彼がキャロラインの死を直接看取ることとなった。末娘のイヴァナはキャロラインの晩年、映画会社ミラマックスでプロデューサーとして働いていて、会社の設立者のボブ・ワインスタインと付き合っていた。キャロラインの晩年は彼が面倒を見たという。

三人の娘たちの父親はイスラエル・シトコウィッツだと思われていたが、キャロラインは死ぬ間際にイヴァナの本当の父親の名前を明かした。『ジャイアンツ』（一九五六）『テレマークの要塞』（一九六五）『ブラック・サンデー』（一九七七）などの傑作映画の脚本家として知られるアイヴァン・モファットである。キャロラインは若い頃にローマで彼と出会い、結婚してからも逢瀬を重ねていた。イヴァナは自分の本当の父親がシトコウィッツではないと知った時、やはり母の長年の愛人で、「ニューヨーク・レビュー・オブ・ブックス」の設立者であるロバート・シルヴァースが父なのではないかと疑ったらしい。夫となった三人の男性だけではなく、実に多くの才能ある者たちがキャロラインに夢中になった。作家としても優れていたが、キャロライン・ブラックウッドは本人の存在こそが傑作だったのだ。

ハーレムの天才少女ピアニスト
フィリッパ・スカイラー
Philippa Schuyler

一九四六年、ニューヨークのルイソン野外劇場。ニューヨーク交響楽団のコンサートで、白いドレスに身を包んだ少女が万雷の拍手を浴びて微笑んでいる。マホガニー色の肌と黒い瞳が美しい。フィリッパ・スカイラーは当時まだ十五歳だったが、既に数多くの作曲家コンテストで賞に輝いていた。その日の演奏曲であるシンフォニー「ルンペルシュチルツヒェン」も、フィリッパがグリム童話をテーマに作曲したものだった。このコンサートで彼女は作曲家としてだけではなく、サン＝サーンスの曲でピアニストとして本格的なデビューを果たしたのである。この後は全米を巡業するコンサート・ツアーが待っている。客席には、娘の華々しい成功を喜ぶ両親の姿があった。父は黒人社会で尊敬されているジャーナリスト、母の方はテキサスの上流階級出身で、雪のような肌をした白人女性だった。

フィリッパの父母が恋に落ちたのは、ハーレム文化が華やかな二〇年代のことだ。ジョージ・スカイラーが勤めていた出版社に、ボヘミアンのジョセフィーンが詩を持ち込んだことからロマンスが生まれた。当時、黒人と白人の恋愛はタブーであり、結婚などはもっての外だった。二人の結婚と一九三一年のフィリッパ誕生は、長い間ジョセフィーンの実家には秘密にされてきた。黒人の血をひく孫娘の存在は、中西部ではタブーだった。

ニューヨークでも白人と黒人のルーツを持った子どもは当時まだ珍しく、フィリッパには早くからマスコミの目が集まった。彼女の出自以上に話題になったのは、その天才児ぶりである。フィリッパは二歳で読み書きをこなし、三歳の時にはスペリングで並はずれた能力を発揮した。両親は彼女の才能を伸ばすために大学の心理学部の指導を仰ぎ、特別な教育を施すことに決めた。フィリッパは四歳でピアノをマスターして、五歳で早くも作曲を始める。十一歳になる頃には、既に二百の自作曲があった。母ジョセフィーンは芸術家として大成できなかった自分の夢を、娘に託すようになった。自分の娘のキャリアはこの異人種間結婚の正当性を主張する見事な「成果物」でなければならない――そんな思いがジョセフィーンを駆り立てた。彼女は厳しい日々のレッスンと体罰でフィリッパを鍛えようとした。

ジョセフィーンは十代の学生のための作曲コンクールや、ピアノの競技会を見つけてきては幼いフィリッパをエントリーするようになる。彼女は自分の娘にエリート教育を受けさせるために、ジュリアード音楽院の予科やリセ・フランコにこの天才児の入学を打診したが、あまりに幼い年齢が支障となって、希望した学校に入れることは叶わなかった。ジョセフィーンは激昂した。彼女はフィリッパが入学を拒否された本当の理由は人種のせいに違いないと考えていた。

フィリッパは孤独だった。物心ついた頃からピアノのレッスンと作曲指導、そしてリサイタル・ツアーで同年代の友達と遊ぶ機会はないに等しかった。小学校に入学しても、この天才児は飛び級を重ね、ほとんど学校に通うこともなく卒業してしまう。学校教育は高校に入る前に打ち切られた。リサイタルで消耗させずに、ゆっくりフィリッパの才能の芽を伸ばしていくことを勧めたピアノ教師たちは、次々とジョセフィーンの手でクビになっていった。教育費が嵩み、スカイラー家の財政を圧迫していた。父ジョージは講演のために全米を飛び回り、黒人記者としては珍しく保守系のメディアで活躍していたが、それではとても間に合わない。フィリッパのリサイタルの出演料が頼みの綱だった。

「偉大なピアニストに、そして偉大なクラシックの作曲家になること」

早くから母親にプレッシャーをかけられて育った少女に、それは強迫観念として植えつけられた。それでも、幼いうちはフィリッパ自身、自分の才能を疑わなかったし、常にマスコミや観客に熱狂をもって迎えられたことから、自分の出自や肌の色を気にすることもなかった。

しかし、十代になるとフィリッパを取り巻く状況は変わり始めた。いや、周囲が変わったのではない。彼女自身が自分の状況を理解し始めたのだ。母ジョセフィーンはフィリッパに関する記事を全て集めてスクラップブックを作っていた。そこにフィリッパが見たのは栄光の記録ではなく、マスコミから見せ物のように扱われている自分の姿だった。子どもの頃からこき使われている「両親の操り人形」だと書かれている記事もあった。リサイタルに来る観客は、アフリカ系の希望としてフィリッパを見ている黒人が主であり、クラシック音楽ファンの白人は少なかった。白人の観客を呼べないという理由で、彼女には大手のスポンサーがつかなかった。十八歳になる頃には音楽家としての活動は限られたものになり、フィリッパはうつ状態に陥った。

人種への偏見なく、ピアニストとしてのフィリッパの才能を認めたのはアメリカの国外だった。一九五〇年、ハイチを皮切りに、フィリッパはコンサート・ピアニストとして中南米とアジアをツアーでまわり、そこで自信を取り戻す。一九五三年、二十一歳の時には古巣ニューヨークに戻り、ニューヨーク・タウン・ホールで大人の演奏家として初のリサイタルを行っている。彼女の次の目標は、クラシック音楽の本場であるヨーロッパで認められることだった。同年秋にはヨーロッパに渡ってリサイタル・ツアーを敢行し、各国の批評家たちから絶賛された。フィリッパが驚いたことに、黒人と白人の血を引く彼女のバックグラウンドは注目されるどころか、批評では特に触れられることもなかった。コンサートの評判が良くても、相変わらずアフリカ系の団体や企業しかスポンサーがつかないニューヨークとは大違いだった。

フィリッパは二十代のほとんどを海外における演奏活動に費やした。一九五八年には東アジアでもツアーを行い、東京では聖心女子大学のホールで演奏をしている。当時はまだ婚約中だった美智子上皇后も彼女の演奏を聴きに来ていた。フィリッパは外国では母親の目と人種に関する話題を逃れて自由に振る舞い、アメリカに帰ってくるとうつになるというサイクルを繰り返すようになる。

後年、彼女がクラシックのミュージシャンとしてだけではなく、ジャーナリストとして活躍するようになった背景には、この精力的なワールド・ツアーがあった。多くのアフリカ系アメリカ人と同じく、フィリッパはアフリカに自分のルーツを見出そうとしていた。彼女は忙しいリサイタルのスケジュールの合間を縫って、精力的にアフリカ音楽のリサーチを行った。

「北部のアラブ的なメロディから、古風で装飾的、乾いたエチオピアのコプト語のアムハラ音楽、ウガンダの複雑な主旋律のポリフォニー、西アフリカの〝上流階級〟の音楽まで」「アフリカ音楽はどこまでも幅広く、人種、色彩、文化、信仰が万華鏡のように花開くこの大陸にマッチしている」。

アフリカの音楽と溶け合うような新しいクラシック音楽の未来を夢見て、フィリッパはこの地をテーマにしたオーケストラ曲やピアノ曲を数多く作曲していく。演奏活動で何度も訪れる内に、アフリカを〝野蛮〟で〝自由〟だとする西洋史観に彼女は違和感を覚えるようになっていく。しかし一方で、女性の不当に低い地位など、アフリカ社会には〝西洋〟育ちの彼女には耐え難い面もあった。アフリカ文化に対するフィリッパの想いは愛憎が入り混じっていた。

一九六〇年、フィリッパはリサイタルで訪れたコンゴで、ベルギーからの独立に端を発するコンゴ動乱を目の当たりにした。それまでの見聞と父親から受け継いだジャーナリストとしての感性が結びつき、花開いた。彼女のコンゴのレポートは新聞社に受け入れられ、フィリッパはピアニストと特派員、二足のわらじでアフリカを駆け回ることになった。

フィリッパのコンゴにおける取材活動は『誰がコンゴを殺したか？（Who Killed the Congo?）』というノンフィクションの本に結実した。ジャーナリストとしてのフィリッパ・スカイラーのデビュー作である。しかし、民族間で意思の統一がとれていないコンゴの独立は時期尚早であったという見解のもとに書かれたこのレポートは、コンゴの独立と民主化を願う彼女のアフリカの知り合いたちを失望させた。内容の大半は、コンゴの独立を後押ししたと思われるソビエト連邦の陰謀、独立直後にコンゴから分離し最終的に消滅した親欧米派のカタンガ共和国を支援しなかったアメリカの失敗、国連の介入などに対する分析に費やされていた。フィリッパは彼女がアフリカに初めて来た時に歓待してくれたアフリカ独立運動の父、ガーナ初代大統領クワメ・ンクルマに非難の矛先を向けた。彼による拡張主義的なパン・アフリカ思想がこの悲劇を起こしたのだとはっきりと批判したのである。

更にフィリッパは、アフリカ系としての出自を公のプロフィールから抹消することを決意する。明るい肌の色とその顔立ちのため、彼女はヨーロッパでラテン系やアジア系に間違えられることが多かった。そのことを利用して、フィリッパはアフリカで献身的に働くカトリックの神父や修道女たちの活躍を描いたノンフィクション『ジャングルの聖人たち（Jungle Saints)』の著者名にフィリッパ・モンテロという名義を利用した。彼女はパスポートを書き換えて偽装し、ポルトガル系の血をひく白人と偽ってヨーロッパ全土で講演会を敢行、同時期にピアニストとしてもその名前で新たにヨーロッパ・デビューを飾っている。

その美しさはいつも人々の称賛の的だったが、フィリッパは恋愛に恵まれなかった。十代の時にはナイジェリアのイボ族の王子であるンクファァー・オリスに花嫁として望まれ、一九五七年にはイギリス在住のナイジェリア人アーティストであるベン・エンウォウと婚約までしたが、フィリッパの望みは、白人の牙城であるクラシック音楽の世界で、自分のキャリアを後押ししてくれるヨーロッパ生まれの白人男性と結ばれることだった。二十代の時はベルギー人の詩人アンドレ・ガストに夢中になって、彼との結婚を夢見ていた。しかしヨーロッパに移住しようとする娘を引き止めたい母のジョセフィーンが、匿名の手紙をガストに送ったことで二人の仲にはひびが入った。キャリアの面だけではなく、私生活においてもジョセフィーンのフィリッパに対する影響力は絶大だった。

一九六三年、フィリッパはフランクフルトでモーリス・レイモンドというフランス人と知り合い、恋に落ちる。リオンの名家で育ち、ナチスがフランスに侵攻した時は、その〝アーリア人〟的な容姿からヒットラー・ユーゲントにスカウトされたというのが自慢のモーリスに、彼女は理想の結婚相手を見出した。ジョセフィーンの方は彼を警戒した。娘がフランスに拠点を移すのを嫌がる母のため、フィリッパはモーリスにアメリカへの移住を打診する。彼は様々な言い訳をして渡米を渋った挙句、冷たくなったフィリッパに恐ろしい手紙を送りつけてきた。封筒の中身は、男性と性行為をしているフィリッパらしき女性の写真と、彼女が中絶経験者だという中傷文。モーリスは同じ内容のものを彼女の仕事の関係者や友人にばら撒いていたという。彼が窃盗と暴力沙汰で四年の服役経験がある札付きの悪党だったと分かるのは、モーリスが脅迫と名誉毀損で逮捕された後のことだった。犯罪歴が明らかになるのを恐れて渡米できず、フィリッパを食い物にする機会を失った末の行動だった。

この醜聞で深く傷ついたフィリッパだったが、騒動が一段落した一九六五年、今度は本当に妊娠してしまう。相手はかつてトーゴ共和国の財政大臣だった、ジョージ・アペド・アマー。彼は十二年前にフィリッパがアフリカを訪れた時に見初めて、それ以来、彼女に恋をしていた。二人はパリで逢瀬を重ねていた。相手が既婚者だという以上に、肌の黒い子どもを宿したことがフィリッパにはショックだった。

「私が味わったような苦労を子どもにはさせたくない。私は白人の子どもを産むつもりだったのに」。フィリッパはこんな風にも言っていた。「生まれてくる子が黒人だと、母をがっかりさせてしまう」

堕胎が禁止されているアメリカからメキシコに渡り、彼女は闇医者から危険な手術を受けた。

翌年、彼女はアメリカ兵の慰問公演でヴェトナムを訪れた。そこでフィリッパの心をとらえたのは、アメリカ兵と現地の女性たちの間に生まれた子どもたちの愛らしさだったという。彼女はこうしたヴェトナムの子どもたちのために支援団体を作り、ジャーナリストとしてヴェトナム戦争を現地からレポートすることに決める。既に戦局は悪化していて、フィリッパが取材活動を行っていたハノイは危険な状況にあった。アメリカの通信社は最初、女性を記者として戦地に送り込むことに躊躇していたが、フィリッパには強みがあった。彼女ならばアオザイに身を包み、ノンラー（笠帽子）を被れば、ヴェトナム人でも通じる。フィリッパは現地で取材と孤児たちの支援活動に打ち込んだ。ジョセフィーンはアメリカに戻ってくるように娘に手紙で懇願したが、娘は今度は母の言うことに耳を貸さなかった。

一九六七年五月、フィリッパ・スカイラーはヴェトナムで亡くなった。ダナンから約十六キロ離れた海上で、フィリッパと孤児たちを乗せたヘリコプターが事故を起こしたのだ。彼女はその前夜のリサイタルで着た金色のドレスに包まれて、遺体となってハーレムに帰ってきた。葬儀の翌日、娘に全てを賭けてきたジョセフィーンは自ら命を絶った。

クラシック音楽という白人のフィールドで活躍し、自らのアイデンティティに悩んだフィリッパの悲劇は、様々な分野に影響を残している。ユダヤ人の父と黒人の母を持つ音楽一家を描いたリチャード・パワーズの小説『われらが歌う時』（二〇〇三）には、フィリッパ・スカイラーの野外音楽堂でのデビューと死亡のニュースが非常に重要な場面として使われていた。現在、クラシックの世界でも白人中心的な歴史観の見直しが求められていて、フローレンス・プライスなどのアフリカ系女性作曲家の名前も浮上している。フィリッパ・スカイラーの作品に再び光が当たる日もそう遠くないはずだ。

カリスマ主婦デザイナー
ドロシー・ドレイパー
Dorothy Draper

一九四八年のウェスト・ヴァージニア州グリーンブライア。ゴルフ・リゾートとして名高いこの地にある高級ホテル「ザ・グリーンブライア」の再オープンに集まった人々から歓声が沸き上がっていた。第二次世界大戦中は陸軍病院として使用されていたこのホテルが、リノベーションで華やかによみがえったのだ。

新しいホテルは、ウェスト・ヴァージニアの州花であるシャクナゲ模様のファブリックに埋め尽くされていた。ロビーの床には鮮やかなコントラストをなす白と黒のタイルが貼られている。客室には凝った装飾がほどこされたマントルピースと、羽を広げた鷹を象った金のふち飾りが印象的な鏡が置かれ、ゴージャスな雰囲気を醸し出していた。明るく、どこか愛らしいのと同時に、重厚さを感じさせるインテリアである。マッチやレストランのメニュー、ナプキンなどにあしらわれた花模様とピンクにブルーのストライプのパターンには新時代を思わせるモダンな感覚もあり、ザ・グリーンブライアのお色直しは大成功だった。

オープン初日に招かれたウィンザー公夫妻やビング・クロスビーといったセレブリティに混じって、大柄で堂々とした女性の姿が見える。身長はゆうに一八〇センチはあるだろうか。彼女は女王然としていて、来賓の誰よりも目立っていた。彼女を見かけたマダムが、ため息まじりにつぶやいた。

「あれはドロシー・ドレイパーだわ！　このホテルの内装は全部彼女の仕事なんですっ

てよ。我が家の内装を手がけてもらえたら、どんなに素敵なことでしょう……」

一九二〇年代から五〇年代にかけて、アメリカでドロシー・ドレイパーほど有名なインテリア・コーディネーターはいなかった。ホテルやデパートメント・ストアなどの大掛かりな内装で名声を築き、ザ・グリーンブライアのリノベーションに白羽の矢が立った時は、もう押しも押されもせぬ業界のトップだった。その爆発的な人気の秘密のひとつは、彼女が教育を受けたプロのインテリア・デザイナーではなく、自分の家の内装で有名になった裕福なカリスマ主婦だったことだ。

ドロシーは一八八九年、アメリカ有数の名家であるタッカーマン家の娘として生まれた。曾祖父はアメリカ合衆国独立宣言書の署名者の一人で、コネチカットの州知事だったオリヴァー・スコット。タッカーマン家は十九世紀に貿易と炭鉱で巨万の富を得ていた。ドロシーはニューヨーク州タキシード・パークにあるチューダー様式の広大な屋敷で、何ひとつ不自由のない少女時代を送った。ドレイパーは二十三歳の時に結婚した夫の姓である。やはり名家の出身であるジョージ・ドレイパーはフランクリン・ルーズベルトの学生時代のルーム・メイトで、彼の主治医として有名だった。

ドロシー・ドレイパーは働く必要がなかった。社交の場で夫をサポートして、三人の子どもの面倒を見ているだけで充分なはずだった。しかし、大柄な身体と押し出しの強さで、父親からは「スター」と呼ばれていたドロシーの個性は、普通の上流階級夫人の座に収まらなかった。裕福だからといって、自己表現をしていけない訳ではない。義理の妹であるルース・ドレイパーの女優としての成功も、彼女を仕事に駆り立てた要因のひとつだったと考えられている。

最初にドロシー・ドレイパーの名前が社交界で取りざたされるようになったのは、一九二三年にアッパー・イーストにある自宅のアパートメントを拡張し、内装に大きく手を加えた時だった。部屋の壁を取り払って改装した巨大なリビング・ルームはガーデン・テラスとつながっていて、ゆうに二百人のゲストが入ると大評判だった。大きな帽子に大ぶりなジュエリーというスタイルで他人を圧するドロシーらしい、個性的な部屋だった。すぐにドロシーは、上流階級の女友だちの家の内装を手がけるようになる。最初期のクライアントは芸術家のパトロンとして知られるガートルード・ヴァンダービルト・ホイットニー。ドロシー・ドレイパーがインテリア・デザインを手がけたグリニッジ・ヴィレッジのガートルードの屋敷は、後にホイットニー美術館となった（美術館はその後、二度移転している）。

ドロシー・ドレイパーが業界に参入した一九二〇年頃のインテリアのトレンドは、重苦しい暗赤色をベースにした、ごてごてとしたヴィクトリア調だった。ドロシーはそこにアールデコの様式を持ち込んだ。それだけなら平凡だが、彼女は自分が幼い頃から慣れ親しんだクラシカルなアメリカン・スタイルの雰囲気も愛していたので、その要素も取り入れた。白と黒のコントラストが映えるタイルばりの床に、すっきりとしたフォルムの家具を置き、そこにデコラティブな小物と花柄で味つけするのが彼女のインテリアの特色だった。その独特なスタイルは「モダン・バロック」とも呼ばれている。

更にドロシーは、それまで室内には使われてこなかった強くて明るい色の組み合わせをインテリアに採用した。お気に入りはピンクと緑のコンビネーション。彼女はその色の組み合わせを太いストライプにして壁紙に使い、赤い花模様のチンツのファブリックと合わせた。そこにシュールなほど大きな鳥かごや照明器具を配置するのである。彼女がデザインした部屋のまばゆさ、明るさは、目もくらむようだった。彼女が何よりも嫌ったのは「退屈な」白と「テカテカした光沢の」黒を組み合わせた装飾だった。

「無難なインテリアは最悪です。部屋の内装には母なる自然と同じく、あらゆる色彩を取り入れるべきなんです」とドロシー・ドレイパーは語っている。

自分の家の室内装飾で名声を得て、インテリア・コーディネーターになった上流階級婦人は多数いる。ドロシーの前だと、エルシー・ド・ウルフやサマセット・モーム夫人であったシリー・モームなどが有名だ。小説家のイーディス・ウォートンもインテリア・コーディネートを手がけ、室内装飾の本を残している。ドロジー・ドレイパーがそうした他の上流階級御用達の女性インテリア・コーディネーターと一線を画したところは、室内装飾を個人の仕事ではなく、大きなビジネスとして拡張したことだろう。一九二三年、ドロシーは自分の会社「ドロシー・ドレイパー&カンパニー・インク」を設立し、個人の邸宅だけではなく、商業施設や公共の建物の内装といった大きな仕事を手がけていくようになる。彼女の会社はアメリカ初のインテリア・デザイン・カンパニーだと考えられている。

プロのデザイナーとして彼女の名前が知られるきっかけになったのは、高級住宅地サットン・プレイスのアパートメントのリノベーションだ。サットン・プレイスはニューヨークのアッパー・イースト・サイドの中でもファッショナブルな地域として知られている。一九二〇年代はエルシー・ド・ウルフやJ・P・モルガンの娘のアン・モルガンがここに屋敷を構えていた。しかし一九三〇年代になって、不況が長く続くと、サットン・プレイスの家主たちは持ち家で何とか利益を得られないかと考え始めた。一九三三年、隣接する四つの屋敷をつなげた賃貸アパートメントのデザイナーとして、ドロシー・ドレイパーが指名された。彼女はアパートメントの外壁を黒、窓枠を白に塗り分けて、各家のドアに鮮やかな色を使った。このシンプルなアイデアは最大限の効果を上げ、モダンな外装としてマスコミの話題を呼んだ。この大胆な色使いによるリフォームは〝ドレイパー化〟と呼ばれて、当時のデザイナーがこぞって真似をしたという。

サットン・プレイスの成功はドロシー・ドレイパーにとっても、分岐点となった。彼女はそれまで、自分が建築を学んでいないことにコンプレックスを持っていた。しかし自分でアパートメントの装飾を手がけ、住む人にとって大切なのは建造物の構造よりも、家のデザインなのだと信じるに至ったのだ。彼女は自分の仕事に価値を見出し、インテリア・デザイナーは、建築家に気後れする必要はないと考えるようになった。

一九三〇年代から四〇年代にかけて、ドロシーには次々に大きな仕事の依頼が舞い込んだ。今もアッパー・イーストの隠れ家的な高級ホテルとして知られるカーライル・ホテルが一九三〇年にオープンした時、ロビーと食堂、娯楽室の内装を手がけたのはドロシー・ドレイパーだった。現在のホテルは改装されているが、ドロシーが選んだオリジナルのアールデコの意匠は今も息づいている。一九三七年には、セントラル・パークの南にある三十七階建てのアパートメント・ホテル、ハンプシャー・ハウスの全室内装飾を担当した。それまで女性のインテリア・デザイナーが手にしたことのない三十九万六千ドルという大きな予算を得て、ドロシー・ドレイパーは思う存分彼女の個性を発揮した。ガラスのフレームがついた巨大な両開きのドアや白と黒のコントラストの強いチェッカー模様の床、石膏を使った華美な装飾は、まさしくモダン・バロックな〝ドレイパー・タッチ〟だった。

ドロシー・ドレイパーの手がける部屋のテーマは「自立のためのインテリア」。彼女はいつも、その部屋の主が自分の個性を表現し、ポジティブな気持ちになって充足感を覚えるような内装を目指していた。一九三〇年代には、成功、幸福、人気を得られる人格の形成を約束する「インテリアによる自己啓発」の通信教育コースを設立。これは今ならば確実に受けそうだが、当時はあまりに発想が早過ぎたためか購読者数が伸びず、失敗に終わっている。

ドロシーの仕事はホテルやレストランのインテリアにとどまらない。五〇年代にはクライスラー社の自動車の、六〇年にはコンベア社のジェット機の内装を担当している。そうした大掛かりな仕事は彼女の名前を高めはしたが、ドロシー・ドレイパーが真にビジネス・ウーマンとして本領を発揮したのは、一般の家庭の主婦たちに向けたライセンス商品の開発や、ハウツー本の執筆だろう。第二次大戦後、郊外に密集して作られた建売住宅の内部は、太いストライプの壁紙や赤と緑のキャベツバラ柄のファブリックといったドロシーのライセンス商品で覆い尽くされた。五〇年代の終わり、彼女が主婦たちにインテリアのアドバイスをする「ドロシー・ドレイパーに聞け!」は、七十紙もの新聞に配信される超人気連載だった。

華やかで、女性らしく、可愛らしい。現在、私たちが思い浮かべる五〇年代のラブリーな米国インテリアのオリジネイターは、まさしくドロシー・ドレイパーなのである。

典型的なアメリカ中産階級婦人の美意識の基礎を築き、カリスマ主婦としてキャリアをスタートさせたドロシーだが、実は一九二九年にはとっくに離婚して、自身の会社で辣腕をふるっていた。コンサバなセンスの母といわれていることは、皮肉ですらある。

一九六〇年代に入ると、モダンな機能美を提唱する建築家たちが建物だけでなく内装も手がけるようになり、インテリアの全権を握った。ミニマルなデザインを追求する彼らからすると、ドロシー・ドレイパーの華美なスタイルは時代遅れだった。フランク・ロイド・ライトなどはドロシーのインテリアを嫌悪するあまり、彼女のことをインテリア・デザイナーならぬ「インフェリア・デシクリエター（下等な冒瀆者）」と呼んでいたほどだ。

人気に翳りが出始めた一九六〇年、ドロシー・ドレイパーは会社を売却している。クライアントの予算を超過してでも自分のデザインを貫こうとしたため、仕事は順調でも彼女の資産はだいぶ目減りしていた。引退したドロシー・ドレイパーは自分がデザインしたカーライル・ホテルの一室で暮らしていたが、アルツハイマーを患うとそこを出ざるを得なくなり、一九六九年にオハイオ州のクリーヴランドの病院で亡くなった。

ミッド・センチュリー・モダンのデザイン・リバイバルも終わった二〇〇〇年頃から、アメリカではドロシー・ドレイパー的なスタイルがまた散見されるようになった。現在活躍する多くの女性デザイナーの仕事に、ドロシーが築いた「アメリカ的な華やかな可愛らしさ」の要素が見受けられる。

デザイナーのケイト・スペードの仕事は完全にドロシー・ドレイパーの美意識を下敷きにしたものだった。ケイト・スペードのハウツー本『OCCASIONS（おもてなし）』

と、ドロシーが一九四一年に発表したパーティ・エチケットの本、『おもてなしは楽しい！ 人気のパーティ・ホステスになる方法（Entertainment is Fun! How to be a popular hostess）』を比較してみると、様々な相似点が見られて興味深い。ピンクの水玉地の表紙がいかにもドロシーらしいこの本は、二〇〇四年に復刻されている。愛らしい花模様のパターンで人気を集めたキャス・キッドソンにも影響が見て取れる。そしてマーサ・スチュワートのビジネスの進め方は、全盛期のドロシー・ドレイパーそのものだ。インテリア・デザイナーでは、サイズの大きな家具や装飾品を使ってグラマラスかつモダンな室内装飾をするケリー・ウェアスラーなどがドロシーの後継者だろう。

二〇〇六年にはダラスの女性博物館でドロシー・ドレイパーの主な仕事を写真で振り返る展覧会が、また、ニューヨーク市立美術館では大々的な回顧展が行われ、ドロシーの花柄ファブリックを使った家具が館内を埋め尽くした。「ドロシー・ドレイパー＆カンパニー・インク」は今も華麗なファブリックやドロシーがデザインした家具を販売しており、人気ドラマの『セックス・アンド・ザ・シティ』の映画版でも、キャンディス・バーゲン演じる編集者のオフィスに使用されている。

「私ほど影響力のあるインテリア・コーディネーターは他にいません」というかつてのドロシー・ドレイパーの言葉は嘘ではなかったのだ。彼女のインテリア・センスの華やかさの魅力は多くの女性の心を虜にし、「愛らしさ」が仕事の立派な武器になることを証明したのだから。

ロック評論界のビッグ・ママ
リリアン・ロクソン
Lillian Roxon

一九六〇年代の半ばから七〇年代にかけて、パーク・アベニューの二一三番地にあったステーキ・ハウスほどニューヨークでエキサイティングなナイト・スポットはなかっただろう。店の名前は「マクシズ・カンサス・シティ」。表通りに面しているレストラン・バーの裏にある個室は、さながらロック・セレブリティたちのサロンだった。アンディ・ウォーホルと彼の取り巻きたち、彼の周辺のミュージシャンであるニコとルー・リード。ボブ・ディラン、ジム・モリソン、西海岸からニューヨークに仕事で来た幾多のミュージシャンたちにマネージャー、グルーピー。マクシズ・カンサス・シティで有名人に見出されて、ブレイクしたアーティストも少なくなかった。後にニューヨーク・パンクの女王として名を馳せるパティ・スミスと伝説的な写真家ロバート・メイプルソープのカップルも、無名時代はマクシズの入り口辺りをうろついて、彼らをピックアップして店の中に連れていってくれる人を探していた。

マクシズで無名のアーティストやライターたちが友だちになりたがった一人の女性がいる。その女性は小太りな体型で、パワフルで、キラキラと輝く瞳を暗い影が縁取っていた。年齢は他の常連客よりも少し上だ。彼女の名前はリリアン・ロクソン。一九六九年に彼女が一人で書き上げた『ロック・エンサイクロペディア（Rock Encyclopedia）』が出版されると、音楽界に衝撃が走った。

六一八ページに及ぶ『ロック・エンサイクロペディア』は、アシッド・ロックからゾンビーズまで五〇〇の項目にわたるロック・ミュージックの百科事典である。二万二〇〇〇曲の曲名が載り、更に一九四九年から一九六九年までのキャッシュボックス誌とビルボード誌のトップ・チャートが掲載されたこの本は、ロック評論に夜明けをもたらしたと言われている。リリアンは膨大な情報量に及ぶこの本を、わずか一年足らずで書き上げた。それも、昼間は「シドニー・モーニング・ヘラルド」のアメリカ特派員としてフルタイムで働き、ニクソンの大統領選のキャンペーンを追いかけて、全米を旅しながら。ロック・ミュージックがまだ文化と認められていなかった当時、それぞれのミュージシャンの特質と、彼らのキャラクター及び音楽性が時代に及ぼした影響を正確に描き出したこの本は、驚きをもって迎えられた。

リリアン・ロクソンは一九三七年、イタリア生まれ。ユダヤ人である両親はナチスの手を逃れ、彼女と兄弟を連れてヨーロッパから一九四〇年にオーストラリアに移住してきた。幼い頃から聡明だったリリアンは十四歳の時に女性誌に初めて記事を売り、ジャーナリストを夢見るようになる。シドニー大学を卒業して地元のタブロイド紙で働いていた彼女が、アメリカに渡ったのは一九五九年のことだった。ニューヨークのグリニッジ・ヴィレッジに居を構えたリリアンは、この街と恋に落ちた。彼女にうるさく干渉する母親から逃れて、本当の自由と独立を手に入れたと感じたのだ。一九六三年に「シドニー・モーニング・ヘラルド」で特派員の職を得ると、彼女はグラマシー・パークの一室しかないアパートメントに引っ越した。そこがリリアン・ロクソンの最後の城となった。「ヘラルド」では最初、ハリウッドのスターたちについての記事を任されていたが、彼女はそれが不満だった。変化の波が押し寄せて来た六〇年代、リリアンは人種間闘争や女性の権利、社会問題について敏感になっていった。怖いもの知らずで、ハーレムの危険な地域やティモシー・リアリーのＬＳＤについてのレクチャーにも勇んで出かけた。

とりわけリリアンが夢中になったのがロック・ミュージックだった。一九六二年にビートルズがデビューし、アメリカの音楽界に「ブリティッシュ・インベンション」の嵐が吹き荒れて、ロック・ミュージックの文化が花開いた頃だ。リリアン・ロクソンはラジオから流れるラヴィン・スプーンフルやママス＆パパスの音楽に夢中になり、ザ・バーズのライヴとパーティに参加して、新たなタイプのカルチャー・シーンがそこに形作られていると気がつく。ロックはただの一過性の流行歌ではない。大人の書き手が誰も本気に取り合わない中、彼女はミュージシャンとその周辺のシーンに入れ上げた。アメリカのマスコミに先駆けてサンフランシスコのヒッピー文化を記事で取り上げ、ニューヨークのマクシズ・カンサス・シティやザ・シーンといった当時のセレブリティたちが集まるスポットに顔を出した。彼女は取材やパーティを通して音楽界にコネクションを築き、あっという間にロックの世界のインサイダーとなった。

『ロック・エンサイクロペディア』が出た当時、リリアン・ロクソンは三十七歳。二十代のミュージシャンたちも、二十歳そこそこのロック・ジャーナリストたちも、彼女の前では子どもだった。リリアンは音楽以上に人間が好きだった。人々が作り出すエネルギーが好きだった。あけすけな質問をしても嫌がられず、相手に胸襟を開かせ、自分を信頼させてしまう不思議な魅力があった。音楽界のゴシップに通じていたのは、そのキャラクター故である。

リリアンさえつかまえることが出来たら、そして彼女に気に入られたら、普通なら入れないロック・セレブリティたちのインナー・サークルへのパスポートは手に入れたも同然だった。「ロック・ジャーナリズムの母」「ロック界のナイチンゲール」という呼び名にふさわしく、愛情深くて世話好きなことで有名だったのである。有名無名関係なく、彼女は一度目をかけた人間の面倒をとことん見た。十七歳で雑誌を創刊し、ロック評論の第一人者となったポール・ウィリアムズ、「ローリング・ストーン」誌を創刊したばかりのヤン・ウェナー、映画『あの頃ペニー・レインと』（二〇〇四）で少年時代のキャメロン・クロウの憧れの人として登場するレスター・バングス、哲学的なロック評論で知られるリチャード・メルツァー。ロック評論家として有名になる前、まだ駆け出しのライターだった彼らを、リリアンは重要人物のように扱ってくれたという。「ロック・ジャーナリストたちはスターを作る存在であり、彼ら自身がスターである」というのが彼女の考えだった。「リリアンと一緒にいると、まるで世界の中心にいるような気がした」とメルツァーは語っている。

中でもリリアンが愛したのは、彼女より九つ年下のエレガントな美人フォトグラファーだった。リンダ・イーストマン。後のリンダ・マッカートニーである。二人は一時期、どこに行くのも一緒だった。スレンダーで良家の子女然としたリンダと、小柄でエネルギッシュなリリアンは、性格はまったく違うがいいコンビだったという。二人には、それぞれ文章と写真で当時のロック・ミュージック・シーンを記録するという夢があった。リリアンはリンダの才能を買って、『ロック・エンサイクロペディア』では自分の著者ポートレートを彼女に頼んでいる。

だが、本が出版された時、リンダはリリアンのそばにはいなかった。ポール・マッカートニーと電撃結婚してロンドンに渡った後、彼女はニューヨークの友だちとの連絡を一切絶ったのである。

リリアンはこれにショックを受けた。『ロック・エンサイクロペディア』の名声によって「ニューヨーク・デイリー・ニュース」で音楽評連載を持つまでに至った彼女は一九七三年、その紙面でポールとリンダが制作・出演したテレビの特別番組を酷評した。「映画『ヘルプ!』の時はエリザベス・テイラーのダイアモンドのように魅力と才能がきらめいていたポール・マッカートニーも、今やカリスマのレベルは普通の家庭人に毛が生えた程度、(ウィングスでキーボードを担当しているリンダに手を出させない限りは）非常に上手な鍵盤奏者に過ぎない」

テレビでもインターネットでもなく、新聞が世論を先導していた時代、これはマッカートニー夫妻にとって大きなダメージだった。リリアンは愛情深い女性だったが、その愛が裏切られたと思ったら、どんな報復も辞さない執念深いところがあった。

リンダがリリアンを「切った」のは、ポール・マッカートニーがマスコミ関係者と彼女が親しくするのを嫌ったためだというのが、現在の有力な説である。しかし、もしかしたら、リンダはリリアンの母親のような愛が重荷だったのかもしれない。子どもが親離れするように、彼女の影響下から逃れようとしたのかもしれない。だとしたら皮肉な話である。リリアン自身が、自分の価値観を押しつけるユダヤ人の母親の執拗な愛情から逃れるため、ニューヨークに逃げてきた娘だったのだから。

彼女が自分の子どものように愛したロック・ミュージックも、リリアンの手を離れつつあった。才能あるミュージシャンと少数の取り巻きで成り立っていた世界に、多くの人々が介入してきた。ロックは短期間でビッグ・ビジネスへと成長したのだ。

六〇年代、ミュージシャンと無名の女性たちの神話的な関係を見ていた彼女は、グルーピーの少女たちにロマンティックな幻想を抱いていた。『ロック・エンサイクロペディア』でも「グルーピー」の項目に二ページを割いている。「グルーピーとはロック・ミュージシャンの性的な欲望を独占的に満たす女たちである」とはっきり書きながら、彼女はこうも付け加えている。「ロックにセックス・アピールと魔法をもたらしているのは彼女たちだ」「自分たちの意思で観客とアーティストの間にある壁を崩し、名前を出してもらえること以上の見返りも求めず、ただひとつ、愛だけを彼らに与えているファンである」

ロック・ミュージシャン周辺の女性たちの辛い事実を描いた実録映画『グルーピーズ』（一九七〇）を見たリリアン・ロクソンは傷つき、悲しんだ。グルーピーたちは新時代のセックス・ポジティブで自由な女性たちで、ミュージシャンと同等の存在なのだと彼女は信じていたから。

「（私が知っているのは）あんな惨めなものじゃなかったわ」という彼女に、プロデューサーのロバート・ワイナーは冷たかった。「これが真実を映すシネマ・ヴェリテだって分かっているだろう。あんたはいわばスナップショットで見ていただけなんだよ」

リリアン・ロクソンが『ロック・エンサイクロペディア』で最初の「A」のページの冒頭に書いた項目は「アシッド・ロック」。リリアンの死後、七八年に出版された増補版にはその前に、レコード会社でミュージシャンの発掘・契約・宣伝を受け持つ「A&R」とユーロビジョン・ソング・コンテストで優勝して世界的に有名になったポップ・グループの「ABBA」が付け加えられている。ロックがイノセントだった六〇年代の終わりである。

でも、リリアンに泣いている暇はなかった。彼女には、自分の権利に目覚めたばかりの女性たちという何万人もの新しい〝娘たち〟が待っていたから。リリアンは一九七二年、雑誌「マドモアゼル」に「知的な女性のためのセックス・ガイド」を連載し始める。彼女はウーマン・リヴの先陣を切り、新しい女性たちのお手本となった。

リリアンはオーストラリアのアーティストとニューヨーク・シーンの橋渡し的な存在を担っていた。彼女に面倒を見てもらい、影響を受けたミュージシャンにヘレン・レディがいる。ヘレンはオーストラリアからニューヨークに出て来た一九六六年にリリアンと知り合い、彼女から女性解放運動の話をされて自分で曲を書くように励まされたという。一九七二年に発表されて、ヘレン・レディ最大のヒット曲となった「アイ・アム・ウーマン」はリリアンに触発されて書いた曲である。リリアンと同じくオーストラリア出身でフェミニストの学者、ジャーメイン・グリアは一九七〇年に出版されたフェミニズム研究書の草分け『去勢された女性』の献辞でリリアン・ロクソンの名前を挙げている。しかし、二人の女性の関係は複雑で、リリアンは献辞で自分のアパートが「ゴキブリの巣窟」とされ、気にしている肥満や喘息について触れられたことを根に持っていた。

自由な女というパブリック・イメージは逆に彼女を苦しめ、孤独にもした。娘の結婚を何より望んでいた母に逆らい、仕事を続け、恋愛遍歴を重ねることを選んだリリアンは、実際には自分を愛してくれる男性に巡り会い、子どもを持ち、幸せな家庭を築くことを夢見ていたという。彼女の大いなる母の愛は、代わりにロックと若者文化に捧げられたのだ。

『ロック・エンサイクロペディア』を制作した時の過労が祟って、一九七〇年代になるとリリアンは体調を崩し、喘息を患った。当時、喘息にはステロイドのコルチゾンが処方されていたが、これが彼女の体にはよくなかった。若い頃から太り気味の体型を気にしていたリリアンの体重は一気に増加し、心臓に負担をかけた。一九七三年、グラマシーの自宅アパートで、リリアン・ロクソンは喘息の発作で突然亡くなった。四十一歳の早過ぎる死だった。無名時代のマーク・ボランについて書いた記事が遺稿となった。

電話魔で知られる彼女なのに、あんなに大勢いたはずの友人も知り合いも、誰もリリアンから助けを求める電話を受けなかった。自分の愛情に見返りを求めなかったロック・ジャーナリズムの母の寂しい最期に、彼女に育てられた多くの人が後悔の涙を流した。

ロータスランドの女王
ガナ・ワルスカ
Ganna Walska

カリフォルニア州のリゾート・タウンであるサンタバーバラから東に五キロほど行くと、モンテシートという高級住宅街がある。ハリウッドのセレブリティたちが別荘を構えるので有名な場所だが、そこにあるのが広大な庭園の「ロータスランド」だ。十五万平方メートル、約東京ドーム三個分という敷地には明るい日差しが降り注ぎ、エキゾチックな植物の数々が来訪者の目を楽しませている。

「庭園」と呼ぶのにはあまりに大きなスケールだが、そこは一九八四年まで本当に個人の所有する庭だったのだ。現在は非営利団体が運営して一般公開されている庭園の入り口に、かつての持ち主の名前が冠してある。「ガナ・ワルスカ・ロータスランド」。この庭園はポーランド出身の元オペラ歌手、ガナが莫大な費用と四十年もの月日を費やして作った、彼女だけの王国だった。ガナ・ワルスカは六度の結婚で、その王国の礎《いしずえ》となる莫大な財産を築いたのだ。

生前のガナ・ワルスカは正確な年齢を人に教えなかったが、一八八七年生まれだと言われている。現在はベラルーシの都市となっているブレストの一般家庭の娘で、本名はハンナ・プーチ。野心を秘めた美しい娘だったハンナは十代の時に家族と別れてロシアのサンクトペテルブルクに渡った。そこで出会ったのが五つ年上の男爵だ。一九〇七年、二十歳だった時に彼と駆け落ちで結婚して男爵夫人になると、ハンナは名前をガナ・ワルスカに変えた。結婚生活は八年しか続かなかったが、上流社会へのコネクションと地位をつかんだ彼女はパリで声楽を勉強して、オペラ歌手を夢見るようになる。

ガナは天性の誘惑者として知られていた。そのファム・ファタールぶりはいくつもの伝説として残っている。彼女と結婚した男たちは誰もかれもが一目惚れで、ガナと出会った翌日にプロポーズする者も多かった。夫たちはみんな財産家で、彼女に膨大な贈り物をした。そして離婚の際には更に財産を取り立てられることとなった。

二番目の夫は有名な神経学の博士ジョセフ・フランケルで、ガナにアメリカの市民権とニューヨークの豪邸を残した。わずか四年の結婚生活の間、ガナは遊び歩いて滅多に家に帰らなかったという。二十歳年上の優しい夫が病死する前に、ガナは既に三番目の夫と四番目の夫になる人物に渡りをつけていた。カーペット会社で巨万の富を得ていたアレクサンダー・スミス・コクランと、草刈り機で有名なインターナショナル・ハーヴェスター社（現在のナヴィスタ－・インターナショナル社）の社長で大富豪のハロルド・マコーミックである。

一九二〇年にパリでコクランと大規模な結婚式をあげた翌日、新郎をホテルに残してガナはマコーミックとシカゴに渡った。宝石、毛皮のコート、ロールスロイスにパリの邸宅。コクランはガナに何でも買い与えてくれたが、マコーミックはそれ以上のものを用意していた。地元の名士でシカゴ・オペラ・カンパニーの大口スポンサーであった彼は、劇場のキャスティングについて大きな発言権を持っていて、ガナをそこのプリマドンナにすることが出来たのだ。オペラ歌手としてのキャリアこそがガナ・ワルスカの最大の野心であり、彼女の生きる情熱の源だった。

オペラ歌手の夢を追いかけて、彼女は夫たちを家に残して南米やパリへ渡った。最高の音楽教師をつけた。どんな歌姫も持っていないような素晴らしい舞台衣装と大振りの宝石がついた贅沢なジュエリーの数々を揃えていたが、音楽の神様が彼女に微笑むことはついになかった。ガナ・ワルスカは天性の音痴だったのである。歌えないプリマドンナとして、彼女は有名だった。震えながら伴奏から外れていくガナの歌声を収録したレコードが残されている。一九一八年にガナ・ワルスカはハバナ歌劇団の『フェードラ』でデビューしているが、彼女が完全にキーを外して歌ったせいで、キューバの観客が暴徒と化したという。これが、公式で歌った彼女の最初で最後の舞台になってしまった。

マコーミックの前妻との離婚が成立すると、ガナはコクランとの結婚を即座に解消して彼と再婚した。ハロルド・マコーミックはこの美しい妻をオペラのディーバとして売り出すために一大キャンペーンを行い、マスコミに圧力をかけたが、世間に冷笑された。一九二〇年十月、ガナはルッジェーロ・レオンカヴァッロの歌劇『ザザ』で主役デビューする予定になっていた。しかし、彼女はほとんどリハーサルに現れなかった。たまにやって来ても、か細いガナの声は舞台から客席に届かず、音楽監督も聞き取ることが出来なかったという。ガナは自分の才能を理解してくれる人は誰もいないと言って逆ギレし、本番に出ることなく、ヨーロッパへと逃げてしまった。

ガナにぞっこんだったマコーミックは彼女のために新しい歌劇団を作ると約束し、ガナに言われて性生活を改善するために怪しげな手術まで受けたが、彼女の気持ちが彼に戻ることはなかった。二人は一九三一年に離婚している。

オーソン・ウェルズ監督の映画『市民ケーン』（一九四一）に出てくる主人公の新聞王ケーンと、オペラ歌手としての才能がないのに彼の力で売り出される愛人スーザンのモデルは、メディア・コングロマリット、ハースト・コーポレーションの創業者ウィリアム・ランドルフ・ハーストと、彼の愛人で女優のマリオン・デイビスだというのが通説だ。しかし、ケーンが巨大なオペラハウスを建設してスーザンをそこに出演させ、マスコミの酷評を叩き潰そうとするくだりについてはマコーミックとガナ・ワルスカの話を下敷きにしていると言われている。こうしてガナは極めつきの奇人として、世間に知られるようになった。

ガナ・ワルスカは、本当に歌手としての才能がなかったのだろうか？　本当は歌えたのに、極端なあがり症のために舞台では実力を発揮できなかったのだという説もある。しかし、それも本人やマコーミックによって流布された噂に過ぎないのかもしれない。

オペラ歌手としての実力は疑問でも、財産を巻き上げる手腕においてガナは本物の天才だった。親族たちから詐欺だと訴えられながらも、彼女はドクター・フランケルが残してくれた土地と五十万ドルは手放さず、ニューヨークの豪邸を売って更に十一万六千ドルを手に入れた。コクランと結婚していたのはわずか一年と八カ月、その間ほとんど一緒に生活していないにもかかわらず、年間二万ドル（現在の価値にして二十万ドル）の扶養費、結婚中に彼女が購入した宝石や車、邸宅の全てを勝ち取った。更にコクランは一九三一年に死亡した際、ガナに三万ドルを残していた。マコーミックも離婚の時、パリの劇場を譲渡し、死ぬまで年間十万ドルをガナに送金することを誓約させられた。

ガナ・ワルスカは美女であっただけでなく、人目を惹きつける魅力に溢れていたという。パーティでは誰よりも派手なドレスを着て、最も大きな宝石をつけ、エキセントリックな帽子を被っていた。誰もが彼女のパワフルな個性に圧倒された。財産家たちは野生動物を狩る意欲をかき立てられたかのように、彼女を追って金銀をばらまいたのだ。

ガナは夫たちから集めた財産で、贅沢の限りを極めた。アンティークのメリーゴーランドの動物や、トスカニーニやドビュッシー、ムッソリーニといった有名人のサインの数々、珍しい鳥など、ガナのコレクションは多岐に渡る。チベット美術に凝っていた頃の八百点のコレクションはコロラドの仏教会に寄贈された。ガナが死んだ時には、数千点に及ぶ装身具が遺された。ガレージにあった七台の自動車と共に、そのコレクションは姪によってロサンゼルスの美術館に寄贈されている。

ガナは更に一九三八年、五十歳の時にイギリスの発明家ハリー・マシューズと五度目の結婚をして三年後に離婚。五十五歳の時に最後に結婚したテオス・バーナードは二十三歳年下のヨガ修行者だった。カトリック信者だったガナに東洋趣味を植え付けたのも、彼女をそそのかしてサンタバーバラの土地を買わせたのもテオスであった。ガナは膨大な宝石コレクションの一部を売って、「神聖な修行所」を欲しがる美青年の夫のために大庭園を買い取り、「チベットランド」と名づけた。男から貢がれていた女が、初めて男のために自分の財布を開いたのである。

一九四一年にガナ・ワルスカが買ったその大庭園は、もともとは一八七七年にアメリカ政府から個人に払い下げられた土地だった。そこに庭園の基礎を築いたのが、後にサンタバーバラ園芸協会を創立し、サンフランシスコのゴールデン・ゲート・パークの責任者となったラルフ・キットン・スティーブンスだ。オークの木が生い茂っているところから、その地所は最初「タングルランド」と呼ばれていた。スティーブンス氏は当初、そこをレモン農園にするつもりだったらしい。しかしレモンは既に西海岸では供給過多の状態で、東海岸は海外から安く輸入していた。彼はそこにチリヤシの木を植え、南アフリカやオーストラリア、東インドから珍しい植物を取り寄せた。後にガナ・ワルスカの日本庭園になる池は、貯水湖として彼が作ったものだ。

ガナ・ワルスカが引き継いだ時、庭園は大きく変わろうとしていた。テオスは四年後に彼女の元を去り、「チベットランド」は「ロータスランド」と名前を変えたが、ガナ・ワルスカには庭に対する不思議な情熱が残った。彼女は植物の品評会に顔を出し、苗や樹木を選び、気に入った岩を切り出すためだけに山に登るようになった。庭師たちに直接指示を出し、柱や舗道に敷き詰めるタイル、石像や貝殻を自分で選んだ。庭の責任者としての彼女はオペラの時と一緒で、ディーバだった。気まぐれで強硬で、人々を呆れさせた。でも庭師たちからは不思議と愛されていた。彼女は庭園を作るのにお金を惜しまず、庭師たちにも高額のボーナスを支払っていた。植物の種類や専門的な知識は最後まで覚えようとしなかった。「ロータスランド」の植物にプレートはついていなかった。彼女がその植物の名前を知らなかったからだ。それでも、ガナ・ワルスカは庭をデザインする天才だった。

大規模な敷地を持つ「ロータスランド」には様々なテーマの庭園があり、それぞれがガナ・ワルスカの個性を物語っている。中心となるメキシコ風のピンクの大邸宅を囲むのはサボテンによく似たチュウテンカクだ。この植物の多肉質の枝が壁を這わんばかりに覆っている。サボテンをはじめとする多肉植物は彼女のお気に入りで、当然「サボテン・ガーデン」のセクションもある。車寄せをぐるりと取り巻くのはイエメン共和国のソコトラ島に生息するリュウケツジュ。今もグロテスクな石像が残る芝生は、ガナ・ワルスカのいた時代には動物を象った数多くのトピアリーがあったという。

イングリッシュ・ガーデンのような整然とした庭よりも、ガナは自然なままのカオスを好んだ。シダが生い茂る「ファーン・ガーデン」はまるでジャングルのようだ。一転してキッチュな佇まいの「アロエ・ガーデン」の池をアワビの貝殻で囲うのは彼女自身のアイデアだった。

目にも涼しい「ブルー・ガーデン」は、その名の通り青みがかった植物を集めたセクション。地面には「青ヒゲ」の異名を取るイネ科のフェスツカ・グラウカが、青光りする細い葉を針のように突き立てている。更に「青の竜舌蘭」と呼ばれるアガベ・アメリカーナが野性的な葉を鋭く開き、その上にメキシコ産の巨大な常緑樹、ブルー・ヘスパー・パームと青いアトラス杉が影を落としている。

生前のガナが最も好きだったのが「ジャパニーズ・ガーデン」である。大きな鳥居があり、鷺や黒鳥が泳ぐ貯水湖の周囲には綺麗に刈り込まれたクロマツ、イロハモミジ、ナンテン、ソテツが植えられている。「ロータスランド」の中でも人工美を感じさせる場所で、プッチーニの「蝶々夫人」がお気に入りのオペラだった彼女の趣味が最大限に発揮された場所だ。

そしてこの庭園のシンボルである数々の種類のハスが水面に浮かぶ「ウォーター・ガーデン」。静けさや魂の浄化を感じさせる場所として作られたこの庭で、男たちや野心から解放されてガナ・ワルスカは生まれ変わった。

生涯、オペラ歌手として舞台に立つことを夢見たガナは、ようやく自分にふさわしい本当の舞台を手に入れた。恍惚とした笑顔を浮かべて庭に立つ彼女のポートレートが何枚も残されている。あれほど贅沢なファッションと宝石が好きだった彼女が、庭に出る時はいつも同じつば広帽子と着古した服を身につけていた。ガナ・ワルスカは毎日、庭園を巡った。庭は毎日、違う表情を見せた。かつて男たちを誘惑したミステリアスな美女の仮面は消え、素朴な子どものような表情が彼女の顔に広がっていった。

一九八四年にガナが死ぬと、「ロータスランド」は一般に開放されて、訪れる人の目を見張らせるようになった。ほとんど歌ったことのない歌姫、エキセントリックな金目当て《ゴールド・ディガー》の女としてのみ有名だったガナの豊かな内面世界を、庭園を歩くことで世間は初めて理解したのである。

「ロータスランド」はユニークな庭園として、園芸の世界に大きな影響を与えた。今ではカリフォルニアの名所のひとつに数えられている。ガナがかつて夫たちから奪い取った財産は現在、ガナ・ワルスカ基金として「ロータスランド」の運営を支えている。

ポップ・アートな修道女

コリータ・ケント

Corita Kent

一九六四年、五月。ロサンゼルスにあるカトリックの修道女会「マリアの汚れなき心」(Immaculate Heart of Mary、以下IHM)の付属大学のキャンパスは、伝統ある「メアリーズ・デイ(マリアの日)」のフェスティバルで盛り上がっていた。

修道女や生徒たちが花輪を身につけ、笑いさざめきながら校内を行き交う。色とりどりのプラカードを持って人々が行進する。プラカードは「神は私が好き」「日々の糧を与えよ」「平和・平和・平和」などのメッセージを訴えていた。スーパーマーケットの広告を利用したポップ・アートな看板や、段ボールのボックス、シルクスクリーンの作品が訪問者の目を奪ったこの日の催しは、講演会や厳かな音楽、堅苦しいディナーに終始したそれまでの「メアリーズ・デイ」とはまったく違うものだった。ヒッピーの平和集会を先取りするようなこの色鮮やかな「メアリーズ・デイ」に、教会関係者たちは目を見張った。

カラフルなシルクスクリーンの作品のひとつが、この日の飾り付けのテーマがスーパーマーケットと食料品であることを告げていた。そこには、こんな言葉が書かれていたのだ。「もしマリアが現代に生きていたら、マーケット・バスケット(スーパーのチェーン)で買い物をしただろう」

それはスーパーと聖母を讃えるこの祭典の立役者、シスター・メアリー・コリータ・ケントの作品だった。

コリータ・ケントは修道女であり、この大学の芸術部門の責任者であり、シルクスクリーンの作品で有名なアーティストでもあった。ユニークな教育方針でも知られていて、デザイナーで建築家のチャールズ・イームズ、前衛音楽家のジョン・ケージ、映画監督のアルフレッド・ヒッチコックやジャン・ルノワール、グラフィック・デザイナーのソウル・バス、バウハウスを代表する写真家のヘルベルト・バイヤーなどを大学に招聘して特別授業を行い、学校の内外に新風を巻き起こした。講師として招かれた建築家で思想家のバックミンスター・フラーは、ＩＨＭの芸術部門を訪れたのは「私の人生でもっとも根源的な感動を与えてくれた経験だった」と語っている。

シスター・コリータがデザインし、学内の工房で作られたポップなシルクスクリーンの作品やグリーティング・カードは飛ぶように売れ、シスター・コリータと彼女が所属するＩＨＭを全国に知らしめていた。

シスター・コリータことフランシス・エリザベス・ケントは、一九一八年にアイオワで生まれた。実家はアイルランド系の熱心なカトリック信者で、六人きょうだいのうち、シスター・コリータを含む半分の子どもたちが修道会に入っている。

ロサンゼルスのＩＨＭに入り修道女となったシスター・コリータは芸術への関心も深く、ＩＨＭのカレッジで美術史を学ぶと、南カリフォルニア大学に進学して修士号を取った。しかしシスター・コリータは「大学よりも、後に出会った建築家のチャールズ・

イームズに多くのことを学んだ」と語っている。

国内を旅行して、付属大学のためにフォーク・アートを集めていたシスター・コリータが自分の表現手段として選んだのは、シルクスクリーンだった。一九五一年、彼女はアーティストのアルフレッド・マルティネスの妻からその手法を教わった。

金属製の枠にスクリーンを張って版として用いて、線画部分である孔版からインクを押し出すことで印刷するシルクスクリーン版画は、一九六〇年代に「複製芸術」を意識するアンディ・ウォーホルのようなアーティストによって新たな価値が見出され、世界中に広まっていく。

「私は印刷工です……高価な美術品を買えない人たちのために、オリジナルのアートを大量に作れるのだから、大変に民主的な形態です……シルクスクリーン作品を毎日の仕事場に供給することで、人々に元気を与えられたらと願っています」

コリータは芸術を通して多くの人々に喜びを与えることは神が与えた自分の務めだと考えていたのだ。シルクスクリーンはそんな彼女にぴったりのメディアだった。

シスター・コリータの作品は一九五二年にロサンゼルスのコンペで一位に輝き、注目を集める。一九六四年にはニューヨークの博覧会でバチカンのパビリオンの壁画を手がけた。パビリオンの壁には色とりどりの「Happy」の文字がグラフィカルに並んだ。ポップで、鮮やかで、親しみやすい彼女のアートは人々の目を引いた。「これだけ素晴らしい会場は他にない」とニューズウィーク誌に絶賛されて、その名が全国的に知られるようになった。

マスコミに騒がれるようになっても、シスター・コリータは変わらなかった。普段はＩＨＭの教師として授業を行い、夏休みになると作品の制作に打ち込んだ。

彼女の美術の授業はとても風変わりだった。シスター・コリータは生徒たちと街に出て、カメラのファインダーや厚紙で作ったフレーム越しに広告物を見せた。生徒はそこからディテールを切り取る視点を持つことを学んだ。「利き手の反対で絵を描いてみなさい」「洋服の定義を五百個挙げなさい」。生徒たちに作業に没頭させるため、彼女は宿題を膨大に出したという。

「私は昔ながらの厳しい指導者で、素晴らしい課題を生徒たちに与えていました。怒鳴られまではしなかったけど、不満はずいぶん耳にしましたよ」

シスター・コリータは身の回りのあらゆる事を写真で記録しておく習慣があった。ＩＨＭ内のイベントや生徒の作品を写真として残しておくだけではなく、彼女は街中で、雑誌広告や看板、道路標識などを写真に撮った。シスターの写真は素材別にまとめられ、授業や作品制作の材料として使われた。

やがてシスター・コリータは、生徒たちと作品を共同制作するようになる。自分に依頼があった広告の仕事を授業の課題にして、全員で作業に当たるのである。バチカンのパビリオンの横断幕や、一九六五年のＩＭＢのショールームのウィンドウを飾った作品などは生徒たちが協力したものだ。報酬は生徒たち全員と分かち合った。また、大手企業から制作の依頼を受けるようになっても、地元の教会、公民館、行政機関にシスター・コリータは安価で作品を提供し続けた。

シスター・コリータの初期作品にはベン・シャーンの影響が見られる。柔らかな色使いで聖書からの一場面を描き、引用句を添える。そんな作品が変わったのは一九六〇年代だ。

シスター・コリータは街に溢れる看板やチラシ、雑誌の広告に大きく影響された。彼女は作品に商業デザインや広告を引用した。六〇年代らしいポップで鮮やかな色の組み合わせを好むようになり、キャッチフレーズをタイポグラフィ的に大きく配した作品を作るようになっていく。

シスター・コリータが作品に描くキャッチフレーズの多くも、街で見かける広告からインスパイアされたものだった。「カム・アライブ！」はコカ・コーラ。紺、オレンジ、黄緑、ピンク、黄色に色分けされて大きく描かれた「パワー・アップ」はモービル石油の広告文句をそのまま使ったものだ。コリータの手にかかるとそうしたフレーズは、神のメッセージを簡潔に表現するものに変わった。シンプルかつインパクトのある言葉と色で見る者の目にダイレクトに訴えかけること。彼女はそれを、大衆文化から学んだのだ。コリータの作品について同僚のシスター・メアリー・ウィリアムズは「私たちの色は市場の色、生きる糧となる食物の色、そして音は現代の音なのです」と説明している。シスター・コリータの作品は、アンディ・ウォーホルやリキテンシュタインといったポップ・アートに影響されたものではなく、彼らと同じく、六〇年代当時の風俗に影響を受けて作られた彼女オリジナルのポップ・アートなのである。そこが素晴らしい。教会の内部の閉ざされた世界ではなく、色が溢れるロサンゼルスの街に彼女の目は向いていた。ニューヨーク・タイムズはそんな彼女の作品を「ウォーホルがトマト・スープで行ったことを、シスター・コリータは神の肉と血であるパンとワインで行った」と絶賛した。

「新聞にどんなことが書いてあるか知らなかったら、聖書が何を語っているかも分からない」と語ったシスター・コリータは、黒人の公民権運動、フェミニズム、ヴェトナム戦争といった六〇年代の社会情勢にも強い関心を示した。

「私はデモ行進に加わり、政治信条のために投獄される人を尊敬する。私には同じことが出来ないから、代わりにシルクスクリーンの作品を作るのだ」

作品に彼女独特の書き文字で添えられる引用句は、次第に聖書から、報道記事、マーティン・ルーサー・キングの言葉やビートルズなどの歌詞、前衛詩人のガートルード・スタインの詩へと広がりを見せていった。それにつれ、スローガンがより力強く表現されるようになっていった。一九六〇年代の終わりには、ライフ誌やニューズウィーク誌などの報道写真をシルクスクリーンに取り入れ、政治的なメッセージを打ち出した作品を発表している。

シスター・コリータが注目を集めた六〇年代、カトリック教会にも変化の波が訪れていた。当時のローマ教皇ヨハネ二三世のもとで第二バチカン公会議が開かれ、教会の現代化をテーマに多くの議論が交わされた。この第二バチカン公会議の後、カトリック教会における変革のリーダーと言われたのがシスター・アニタことアニタ・M・カスパリーだ。彼女はＩＨＭのカレッジの学長でもあり、ＩＨＭのコミュニティは第二バチカン公会議の新たな規則のもと、より開かれた新しい修道会に生まれ変わろうとしていた。修道女たちは社会的な活動に積極的に参加するようになり、時には修道服を脱いで平服に着替えた。シスター・コリータの創作活動は、時代の追い風を受けた急進的なＩＨＭの気風に支えられたものだった。

しかし皮肉なことに、当時としては過激とも言える活動をしたこのＩＨＭが所属するロサンゼルス大司教区は、カトリックの原則を守る最も保守的なエリアでもあった。シスター・コリータの名声とＩＨＭを目の敵にしていたのが、この教区の大司教ジェームズ・フランシス・マッキンタイアである。一九六六年、ＩＨＭは心理学者のカール・ロジャース博士が提唱する集団心理療法「ベーシック・エンカウンター・グループ」を修道院で主宰し、更に翌年にはロサンゼルスの大司教区の全てのシスターと彼女たちが運営する学校でこの集団心理療法を試したことで、マッキンタイア大司教の怒りに触れる。当時は六百人に及ぶＩＨＭのシスターたちが学校や病院で働いていたが、マッキンタイアは彼女たちに伝統的な規則に立ち返るまでは活動を禁止すると通達してきた。

ＩＨＭコミュニティで一番世間に名前の知られた有名人であり、この修道会のスポークス・ウーマンでもあるシスター・コリータにも批判が集まった。シスターは広告から引用した汚らしいスラングで神を冒瀆していると非難された。更に彼女は自分のことをセレブリティ扱いし、修道会に押しかけるマスコミやファンにも悩まされた。神の道に仕えながら、シルクスクリーン・アートの制作に打ち込む。そんなシスター・コリータの日々は終わりを迎えようとしていた。

一九六八年、マサチューセッツ州のケープ・コッドの休暇から帰ってくると、彼女はＩＨＭからの離脱を宣言した。

「理由は大変に個人的なもので説明は難しい。でも今は自分にとって正しい決断だと思えます」

一九六〇年代、人気の頂点にあった彼女は大変なスケジュールをこなしていた。仕事で燃え尽きたのかもしれない。教育者として三十二年間もＩＨＭに尽くしてきたが、生徒たちとの関係も変わり始めていた。シスター・コリータが有名すぎるため、彼女の生徒だというとレッテルを貼られて自分の仕事が出来ないとこぼしている者もいたようだ。シスターに搾取されているとさえ言っていた生徒もいたらしい。彼女は傷ついたことだろう。修道服を脱いだら、誰にも迷惑をかけず好きな仕事をするつもりだった。

シスター・コリータが世俗に帰ってから二年後、三百人以上のＩＨＭの修道女たちが誓願を解かれて、大司教区内の学校から解雇された。

同じ頃、コリータは自身のトレードマークであるタイポグラフィとシルクスクリーンを捨てて、水彩画をメインに活動するようになった。

コリータの作風が変わったのは、六〇年代という時代の追い風を受けた表現者がみんな疲れていた時期ではあった。しかし、修道会における有形無形のサポートを受けられなくなり、彼女が孤独になったという側面も否めないのではないだろうか。シスターたちが共同作業に勤《いそ》しむ現場で、コリータの作品は育まれていたのだ。

それでも、コリータはアーティストであり続けて、一九八六年に亡くなるまで商業デザインを含む多くの作品を世に残した。

シスター時代のコリータは修道服を脱ぐと、よくお気に入りのマリメッコのプリント・ワンピースに袖を通していたという。明るい色が好きな彼女らしい話だ。

アフリカ系女性初のコミック作家
ジャッキー・オーメス
Jackie Ormes

一九五六年九月、シカゴのサウスサイドのアパート。小柄なアフリカ系の女性がその朝に届いた新聞「ピッツバーグ・クーリエ」に目を通していた。一九〇七年に創刊されたこの週刊新聞は、当時のアメリカのアフリカ系にとって重要なメディアだ。

開いたページにはモノクロの一コマ漫画が載っている。舞台は洒落たソファーが置いてある居間だ。コミックの左側に描かれているボディ・コンシャスなドレスに身を包んだスタイル抜群の黒人女性は、新聞を手にしたポニーテールの小さな少女の年の離れた姉らしい。妹はスリットの入ったセクシーな姉のドレスを目にして言う。

「全くもって政治的だね！　姉さんは何でそれを着てバスに乗らないの？」

一九五五年、アラバマ州で白人にバスの席を譲らなかったとしてローザ・パークスが逮捕された事件を受けて、黒人のバス・ボイコット運動が起きていた頃だった。

愛らしい風刺の効果を見て、女性はにっこりと微笑んだ。彼女の名前はジャッキー・オーメス。このコミック『パティ・ジョーとジンジャー（Patti-Jo 'n' Ginger）』の作者であり、彼女が見ているページは、十一年間続いたこの人気コミックの最終回だった。

ジャッキー・オーメスはゼルダ・マーヴィン・ジャクソンとして一九一一年、ペンシルバニアに生まれた。印刷会社と野外映画館を持つ父親は、当時の黒人としては富裕層に属していた。その父が死に、母が再婚した男性も自分の農場を所有する裕福な知識人だった。ゼルダはピッツバーグ郊外で文化的にも経済的にも恵まれた子ども時代を過ごす。当時から使われていた「ジャッキー」という呼び名は父の名字から来たものだったが、男性にも女性にも使うこの愛称は、後に彼女がコミック作家として活躍する際に役に立った。

高校時代から文才と画才を発揮していた彼女は、学校を卒業すると校正係としてピッツバーグのアフリカ系新聞「クーリエ」に入社した。一九三一年には七つ年上の夫と結婚し、姓をオーメスに変えた。その頃から彼女の心を占めていたのは、コミックを描くことだった。ゼルダが具体的にどんなコミックの愛読者だったかは分かっていない。正式な美術教育を受けたこともなく、コミックを描いていた実績もなかったが「人を笑わすのが何よりも得意」と公言する彼女にとって、それは最高の表現手段に見えたのだろう。しかし、彼女が実際にペンを取ってコミックを描き始めるのは、一人娘ジャクリーヌを脳腫瘍で亡くした後だった。

未経験者にもかかわらず編集部を説得して、ゼルダ・オーメスはコミック連載の枠を勝ち取った。一九三七年「クーリエ」に新連載コミックの『トーチ・ブラウン　ディキシーからハーレムへ（Torch Brown in Dixie to Harlem）が掲載された。アフリカ系アメリカ人の女性が初めて描いた連載漫画である。

『トーチ・ブラウン』のタイトル・ロールは南部のお転婆娘トーチ・ブラウン。彼女は歌手を目指してニューヨークへと珍道中を繰り広げる。ジョセフィン・ベイカーのようなショー・ガールの衣装や最新ファッションに身を包んだトーチのモデルは、ゼルダの姉で大手レコード会社のデッカと契約していた歌手のデロレスとも、ゼルダの友人のリナ・ホーンとも言われている。後にシカゴの有名なホテルのマネージャーとなる夫とゼルダは、ミュージシャンや知識人の友だちが多く、常にアフリカ系の文化人サークルの中心人物であった。

『デキシーからハーレムへ』の連載は残念ながら一年で打ち切りとなった。一時期は、大不況時代の影響を受けて職をなくした夫と彼の実家のオハイオで暮らしていたゼルダだったが、コミックを描く夢は捨てがたかった。音楽の世界で活躍していた姉の誘いを受けて、一九四二年、彼女は夫と共に黒人街として有名なシカゴのサウスサイドに移り住む。その頃、シカゴの黒人人口は増加して、第二次世界大戦が終わる頃には戦前の二倍に膨れ上がっていた。

アフリカ系アメリカ人を中心とした文化的な興隆、シカゴ・ルネッサンスを目の当たりにしたゼルダは政治意識に目覚め、地元のコミュニティ・センターの活動にのめり込んだ。彼女は「シカゴ・ディフェンダー」で記者として働き、黒人や女性の地位の向上を訴えるようになる。同時期、スクール・オブ・アート・インスティテュート・オブ・シカゴで大人向きのクラスを受講した彼女は、そこで初めてデッサンや絵を習い、コミックのスケッチを描いて腕を磨いていた。

一九四五年、ゼルダは週刊誌「ディフェンダー」の編集部に訴えた。「文章の仕事は楽しいわよ、でも私が描きたいのはコミックなの」。

名前をジャッキー・オーメスに変え、彼女は「ディフェンダー」でコミック作家として復帰した。キュートな黒人メイドが主人公の一コマコミック『キャンディ(Candy)』である。ヒロインが白人の雇い主の贅沢をやんわりとユーモラスに批判する『キャンディ』は都会的で洗練されていたが、残念ながらソフト過ぎて「ディフェンダー」では受けなかった。連載はわずか四カ月で打ち切りとなった。その後に続いたジェイ・ジャクソンの漫画の舞台は南部の農場。黒人の労働者と彼らを搾取する白人の農場主の関係をカリカチュアした内容で、もっとダイレクトに人種差別問題を訴えていた。

ジャッキーの本当のチャンスは古巣の「クーリエ」にあった。『キャンディ』が終了してすぐ、彼女は一コマコミックのシリーズ『パティ・ジョーとジンジャー』の企画を持ち込み、「クーリエ」に久々の復帰を果たしたのである。

その頃、ピッツバーグを拠点としていた「クーリエ」は全米十三カ所に地方版を持つ一流紙へと発展していた。大手新聞社がアフリカ系のジャーナリストを雇い、彼らの視点を踏まえた誌面作りをするのは一九五〇年代以降のことであり、四〇年代はアフリカ系出版社こそが黒人記者やコミック作家の活動場所だった。アフリカ系出版社の文化が花開いた頃で、その流れにのって、ジャッキーの『パティ・ジョーとジンジャー』はブレイクした。おませな妹のパティ・ジョーの言動にセクシーな姉のジンジャーが目を白黒させるこのシリーズは、アフリカ系アメリカ人では知らぬ者のいない人気シリーズへと発展を遂げたのだ。

しかし『パティ・ジョー』を見たジャッキーの親戚は心配した。パティ・ジョーは幼い娘ジャクリーヌを亡くしたトラウマの産物ではないかと考えたからだ。わずか三歳でジャクリーヌが死んだ時、ジャッキーはショックを受けて、二度と子どもを持つことは考えられないと近しい人々に打ち明けていた。パティ・ジョーを描くことが慰めになるのか、それとも悲しみが再燃するのか。家族と友人たちは気を揉んだ。

ジャッキーが心のバランスを崩すことはなかったが、彼女は心からパティ・ジョーというキャラクターを愛していた。賢くて、黒人としての誇りもあって、そして永遠に年を取らない健康的な幼い少女。ジャッキーはパティ・ジョーを人形として売り出すことは出来ないかと考え始める。四〇年代には黒人の少女が遊ぶのにちょうどいい、自分たちと同じ肌の色の人形がなかった。

パティ・ジョーが黒人少女たちのロール・モデルにふさわしいと考えていたジャッキーは、既に黒人モデルの人形を出していたネブラスカ州の会社テリー・リー・ドールと組むことにした。一九四七年に契約が交わされ、ジャッキーが顔のデザインをした愛らしくファッショナブルな「パティ・ジョー人形」が売り出されたが、会社とジャッキーの間にビジネス上のトラブルがあったために、「パティ・ジョー人形」は短命に終わってしまった。製造されていたのはわずか二年。この人形は今では、コレクターズ・アイテムとして高値で取引されている。

何故、ジャッキー・オーメスの描いた『パティ・ジョーとジンジャー』はこんなにも受けたのだろうか？　その頃、アフリカ系の新聞に連載しているコミック作家は男性ばかりであり、白人が戯画化した自分たちのイメージを逆手に取って笑い飛ばすものや、直接的な政治風刺が多かった。それに対して、ジャッキーのコミックに出てくる世界は、とてもファッショナブルであった。ジャッキーはジンジャーにはいつも最新流行の服を着せた。パティ・ジョーと彼女が暮らす家はお洒落なインテリアで飾られており、コミックの登場人物たちが経済的に恵まれているのは明らかだった。彼女は洗練された暮らしぶりや文化的な背景をコミックに持ち込むことで、アフリカ系の読者に地位向上の意識を促そうとしたのである。

ジャッキー本人も大変にスタイリッシュな女性であり、シカゴのアフリカ系の女性たちのトレンド・セッターであった。ジャッキーは基金集めのために多くのイベントを開催したが、その中心となったのはファッション・ショーだった。

センスが良くてスタイリッシュなコミックを描いたジャッキー・オーメスは、アフリカ系のメディアで黒人のヒロインを主人公にした連載を持つことにこだわった。「シカゴ・トリビューン」のような新聞社の方がギャランティも待遇も良かったはずだが、大手の新聞社や雑誌社で働くことは白人の読者に向けたコミックを描くことを意味し、アフリカ系の同胞たちへの裏切りとなると思ったのだ。実際、当時の「ニューヨーカー」といった大手の雑誌を見ても、黒人キャラクターが出てくるコミックはごくわずかであり、出てきてもステレオタイプで枠にはめ込まれていた。

一九三〇年代の終わりから一九四〇年代にかけて、ジャッキー・オーメスが漫画家として活躍した時代は、アメリカン・コミックの黄金時代と呼ばれている。DCコミックの「スーパーマン」や「バットマン」がヒットして、マーヴェル・コミックの前身となるタイムリー・コミックが生まれた。「ワンダーウーマン」はコミックの中で活躍していたが、女性のコミック作家の活動の場は限られていた。黒い豹のようなボディ・スーツで戦う初の女性アクション・ヒーロー「ミス・フューリー」を描いていたタルペ・ミルズも、シカゴ・トリビューンに働くヒロイン「新聞記者ブレンダ・スター」を連載していたデイル・メシックも、女性と悟られないようなペンネームで仕事をしている。黒人女性として堂々とコミックの仕事をしていたジャッキー・オーメスがどんなに特異な存在だったかよく分かる。しかし、ジャッキーは「クーリエ」と一度もギャラの交渉をしていない。人気連載を持っていたにもかかわらず、彼女のギャラが「クーリエ」で描いている他の男性コミック作家の額を超えることは決してなかった。当時のコミック文化は男性のものであり、女性は描く枠をもらえるだけラッキーだった。

コミック作家としてのジャッキー・オーメスの快進撃は一九五〇年代前半まで続いた。『パティ・ジョーとジンジャー』に加えて、一九五〇年に「クーリエ」が八ページにわたるコミック・セクションを新たに設けると、そこにも新連載の『トーチのハートビート（Torch in Herat Beat）』を持つ。今回はフル・カラーだ。ヒロインの造形は『デキシーからハーレムへ』のトーチ・ブラウンを受け継ぐものだが、今回の主人公は歌手ではなくキャリア・ガール。彼女を主人公にサスペンスフルなストーリーが展開する大人のコミックだった。一九五三年にはアフリカ系アメリカ人の業績を称えるニュース映画「ワン・テンス・オブ・ア・ネイション（One tenth of a nation）」に登場。コミックを描いているところに加え「彼女が最も誇りにしている実績」であるパティ・ジョー人形を抱いているところも撮影された。

黒人女性としては異例の形で成功を収め、政治活動に積極的なジャッキーは、FBIに目をつけられる。赤狩りの全盛期、コミックで組合の必要性や言論の自由を訴え、シカゴの左翼系劇団を支持するために公演に出演したジャッキーは共産党員と疑われ、度々尋問に呼ばれるようになった。

公民権運動の波は高まってきているのに、厳しい追及の中、彼女の政治活動はトーン・ダウンせざるを得なくなった。同時期に、彼女はコミックの世界からも撤退することになる。一九五五年、「クーリエ」がライバル紙「ディフェンダー」のオーナーによって買収されると、『トーチのハートビート』は急に打ち切られたとジャッキーは人に漏らしている。『パティ・ジョーとジンジャー』の終了がそれに続いた。新たなコミックのオファーはなかった。毎週のコミックに加え商業イラストも多数手がけていたジャッキーは、手を酷使して痛めていた。それがコミック作家引退の理由だとする説もある。ジャッキー・オームスはその後もイベントなどで活躍したが、一九七六年に長年連れ添った夫が亡くなるとシカゴを離れ、ノース・カロライナのダーラムに引っ込んでしまった。そこで一九八五年に亡くなっている。

二〇二〇年九月、ジャッキー・オームスはグーグルのロゴに登場した。偉人たちの業績や歴史的な出来事を祝うこの「グーグル・ドゥードル」に取り上げられたことで、彼女の名前や『パティ・ジョーとジンジャー』を初めて知った人も多い。コミックの世界に多様性が求められている今、ジャッキーの功績は見直しが求められている。

シカゴのサウスサイドを拠点として大統領になったバラク・オバマとミシェルのカップルを見たら、「豊かで知的な黒人のロール・モデル」をコミックで描き続けたジャッキー・オームスは大いに喜んだことだろう。

シャングリラを夢見たミリオネア
ドリス・デューク
Doris Duke

一九九三年十月二十八日、一人の老女がビバリー・ヒルズの大邸宅で息絶えた。二〇年代に億万長者のデビュタントとしてマスコミを賑わしたドリス・デュークである。ドリスが父親から受け継いだ財産は、彼女の死亡時には十三億ドルに増大していた。その財産を運営するドリス・デューク基金、ニュージャージー州のデューク農園と広大な庭園を持つカントリー・ハウス、ビバリー・ヒルズやニュー・ポートの屋敷、「シャングリラ」と呼ばれるハワイの邸宅などを受け継ぐ血縁者は誰もいなかった。代わりに彼女は、執事であるバーナード・ラファティを自分の財団の受託人、遺言執行人に指名したのである。誰も信用しないことで有名だったドリスが、貧しいアイルランド移民の息子で、アルコール依存症の無学な男ラファティにどうして自分の財産を託したのだろうか? この相続劇は大スキャンダルとなり、ドリスの関係者たちは財産の私物化とドリス・デュークの殺人容疑でラファティを訴えた。

ドリス・デュークは一九一二年、煙草王として知られるジェイムス・ブキャナン・デューク（通称バック）の娘として生まれた。デューク社はアメリカ最大の煙草メーカーで、最盛期は本国の煙草市場の九三パーセントのシェアを占めていたと言われている。煙草栽培で巨万の富を得たデューク家の長男バックの周囲は、常に敵が取り巻いていた。ドリスの母である彼の妻、ナナリーンも例外ではない。彼女は前夫との間に出来た長男のウォーカーにデューク社を継がせたがっていた。バック・デュークは一九二五年、ドリスの十三歳の誕生日の直前に肺炎で死亡するが、ナナリーンが彼を殺したという噂は絶えない。彼女は病人には新鮮な空気が必要だと主張して、使用人に病気で寝ている夫の寝室の窓を開けたままにするように命令していた。バック・デュークが亡くなった時、ベッドの上には雪が積もっていたという。

ナナリーンの陰謀を見抜いていたのか、バックは遺言書で自分の遺産一億ドルの相続人に娘ドリスを指名していた。バックは利発な娘であるドリスを愛し、彼女に忠告した。「お前のように大柄で不美人な資産家の娘は、本当の愛など夢見てはいけない。近づいてくる者はお前を利用しようと企む奴ばかりだと思え」

父のアドバイスに従い、十三歳のドリスはまず、母を自分の財産から遠ざけることに決めた。彼女は生前父が紹介してくれた弁護士を雇うと、ニューヨークの五番街にある大邸宅とニュージャージー州のカントリー・ハウスの所有権を訴え、父の不動産を含む全ての財産を自分の手中に収める。ドリスは賢い投資で大不況時代も財産を失うことなく、資産を増やし続けた。ドリスを恨んでいたナナリーンは、死ぬ間際に彼女の本当の父親がバックではないことを打ち明けてから逝った。ドリスは身長が一九〇センチ近くある大柄な女性だった。ナナリーンは長身の北欧人が好みのタイプで、いつも屈強なボディ・ガードに囲まれていた。その内の一人がドリスの実の父だと考えられている。

ドリス・デュークは二回結婚している。最初の夫はワシントンの資本家の息子、ジェームズ・クロムウェル。民主党から大統領選に出馬することを夢想していたクロムウェルは十六歳の頃からドリスに目をつけ、自分の乏しい懐具合を隠して言葉巧みに彼女に近づいた。ドリスは母親がいつも自分を監視する窮屈な生活から抜け出すために、一九三五年に彼と結婚する。ヨーロッパ、エジプト、中国、フィリピン、日本と豪華客船で世界を巡る新婚旅行で、早くもクロムウェルの化けの皮は剝がれた。旅行費用支払いのための小切手が不渡りになり、無一文であることが明らかになったのだ。しかし、ドリスががっかりしたのは、そこではなかった。彼はベッドで新婦を満足させることが出来なかったのである。

夫には失望したドリスだが、新婚旅行で訪れた国々には魅了された。ドリス・デュークはイスラム美術や骨董品に魅せられ、コレクターとなった。インドではマハトマ・ガンディーと面会し、大変な感銘を受ける。ドリス・デュークは旅に恋をした。彼女は後にプライベート・ジェットを手に入れ、世界中を旅行する女となった。旅するセレブ、ジェット・セットの先駆けである。

中でも彼女が気に入ったのは、ハワイだった。ドリスは南国を嫌う夫に反発するかのように、新婚旅行のハワイでの滞在期間を何度も延長し、一九三七年にはワイキキから五マイルほど離れた小高い丘の上に大邸宅を建てている。どの部屋からも海とダイアモンド・ヘッドを見渡せるその邸宅には彼女がイスラム圏で集めた美術品が陳列され、色鮮やかなタイルやステンドグラスがハワイの強い日差しを受けてきらめいていた。ドリス・デュークはその邸宅をジェイムズ・ヒルトンの小説『失われた地平線』（一九三三）に登場する桃源郷にならって「シャングリラ」と名づけた。ハワイでは逞しい男たちが、エキゾチックな白人であるドリスを肉体的に欲した。自由を求めるドリスにとって、ここは楽園のような場所だった。

ドリスが次に結婚した相手は、ドミニカ共和国外交官のポルフィリオ・ルビロサ。レーシング・ドライバーでもあるルビロサは国際的なプレイボーイとして知られ、数々のハリウッド・スターや社交界の大物と浮き名を流していた。「ペッパー・ミル」とあだ名されるほど巨大なペニスの持ち主として有名なルビロサを手に入れるために、ドリスは十七世紀に建てられたパリの大邸宅やスポーツ・カーを買い与えた。結婚は一年しかもたなかったが、一九四七年に離婚した時、ポルフィリオ・ルビロサはドリス・デュークから莫大な慰謝料を手に入れている。ルビロサはドリスにとって金で買い、金で切った男だった。父の忠告を胸に、ドリスは財産目当ての男たちと割り切って付き合うようになっていった。

ルビロサがいなくなった後、ドリス・デュークの愛人の座に長年留まったのがジョセフ・アーマンド・カストロというメキシコ出身のジャズ・ミュージシャンだ。二人は一九五〇年にハワイで出会った。ドリスが三十八歳、カストロが二十三歳の時である。彼のためにレコード会社を立ち上げるほどの入れ込みぶりだったが、若い女性と浮気を繰り返すカストロとの間には諍いが絶えなかった。二人の修羅場はたびたび暴力沙汰に発展した。シャングリラに滞在中、ドリスのピアノ演奏の邪魔をしたという理由で、彼女がカストロを肉切り包丁で刺したこともある。一九六六年にドリス・デュークが彼のレコード会社を突然に閉鎖すると、カストロはドリスに暴力をふるって顎を骨折させた。

その年の十月には、更に忌まわしい事件が起きている。ドリスのお抱えインテリア・デザイナーで、彼女のために世界中から美術品を集めていたキューレーター、エドゥアルド・ティレラが、ロードアイランド州ニューポートにあるドリスの大邸宅、通称「ラフ・ポイント」で謎の死を遂げたのだ。ドリス・デュークとティレラは二人でステーション・ワゴンに乗って、邸宅を離れるところだった。敷地から外に出るため鉄製の門を開けようと車から離れたティレラを、ドリスが轢き殺してしまったのだ。ティレラは運転席、彼女は助手席に乗っていたはずだった。ドリスは彼に代わって門の外まで自分でドライブしようと運転席に移ろうとした際に、うっかりパーキング・ブレーキを解除してしまったのだと言う。しかしその後、彼女はシフトレバーをドライブにし、アクセルを踏み込んでいる。ステーション・ワゴンはティレラの体を乗り越え、門と向かいの家のフェンスを突き破って木に激突し、ドリス自身も大怪我を負った。

事件の直前、家の使用人たちはティレラとドリス・デュークが激しい口論を交わしていたのを覚えている。デザイナーとして映画界で成功しつつあったティレラはドリスの仕事から手を引こうとしていた。彼女は自分の元から去っていく彼を許せなかったのだ。しかし、ドリスはティレラの死について刑事責任を問われなかった。ティレラの死後、ドリスは一九六八年にジャクリーヌ・オナシスを副会長とする「ニューポート・レストレーション財団」を設立。ニューポートの歴史的な遊歩道の大規模な修復を行い、十七世紀から十八世紀に建てられ、老朽化した地元の邸宅のほぼ全てを購入して、修復後に町の住人に貸し出した。事件の責任者だった刑事は突如引退して、フロリダに二軒のコンドミニアムを購入して悠々自適の生活に入った。ロードアイランド州司法文書館からはティレラの疑わしい死に関する訴訟の全記録、ニューポート警察からは捜査資料が紛失している。

最初の結婚の時、ドリスは妊娠している。夫ジェームズ・クロムウェルの子どもではなかった。子どもの父親はドリスの当時の浮気相手で、近代サーファーの父として有名な元オリンピック・チャンピオンのデューク・カハナモクだとも、英国空軍の英雄で国会議員だったアレック・カニンガム・リードだとも言われている。列車旅行の際に一度限りの情事を持った相手だったとドリスが語っていたという話もある。妊娠が発覚すると、彼女は流産を誘発するためか無理な運動をしようとした。一九四〇年七月、ドリスはハワイに渡る。彼女はサーフボードを抱えて海に入り、危険な高波に挑んで体を痛めつけ、早産した。二十四時間しか生きられなかった娘に、ドリスはアーデンという名前をつけた。娘を失って病院から戻ってくると、悲しみに耐えかねて彼女は海に入り、沖に向かって泳ぎ続けた。溺れて死のうとする彼女を助けたのはデューク・カハナモクだった。

その後、ドリスは急激に東洋思想に傾倒し、輪廻を信じるようになった。彼女は見知らぬ人の中に、アーデンの生まれ変わりを探そうとしたのだ。

ドリスはマスコミの注目を集めることこそ嫌ったが、非常に活動的な女性だった。十代の時からジャズやブルースに魅せられて、ハーレムのクラブに通って母を困らせた。本格的にジャズ・ピアノを弾き、六〇年代後半からはゴスペル・グループに入って歌った。バレエ、モダン・ダンス、アフリカン、オリエンタル、様々なダンスを習って公演も行った。ドリス・デューク基金を立ち上げ、芸術団体等を支援し、蘭の栽培に夢中になった。セックスにも積極的で、一九七〇年代にはディスコの「スタジオ54」で若い男たちを拾って、一夜の関係を楽しんだ。それでも、彼女の心は充たされなかった。真実の愛だけはお金では買えなかった。

シャンディ・ヘフナーという娘がドリスの生活に入り込んで来たのは、そんな時だった。一九八四年、オリエンタル・ダンスの活動でこのヒッピー上がりの娘と知り合ったドリスは、シャンディがシャングリラに訪ねて来たのをきっかけに急速に親しくなる。

ドリスはシャンディに執着した。レズビアンの関係だったという噂もある。シャングリラを我が物顔で占拠したシャンディはドリスの娘アーデンの生まれ変わりだと主張するようになり、七十六歳になったドリス・デュークは三十五歳のシャンディを養女に迎えた。

　しかし、ドリスの信頼を本当に勝ち取ったのは、シャンディではなく別の男だった。一九八七年にドリスがバーナード・ラファティを執事に雇い入れると、シャンディと彼女の関係は徐々に悪化していく。ドリスは自分のボディ・ガードと懇《ねんご》ろになったシャンディを許さなかった。彼女が自分の毒殺を目論んだとして家から追い出し養子関係を解消しようとした。ドリスの食べる物に薬を盛るチャンスがあったのはシャンディではなく、ラファティの方であったが、何故かドリスは彼を疑おうとはしなかったのである。ホテル勤務を経て、ジャズ歌手のペギー・リーなどの執事を務めたこの同性愛者は、アルコールに溺れていない時は申し分のない仕事をする男として知られていた。雇い主の秘密を掌握し、彼らをコントロールする術も心得ていたという。ラファティは次第にドリスへの電話を取り次がなくなった。仕事の関係者や親しい友人は彼女と連絡が取れなくなり、ドリスは更に孤独を深めた。一九九二年、ドリス・デュークは美容整形手術後に処方された痛み止めの薬で幻覚症状を起こして屋敷でころび、腰をひどく打って車椅子生活を余儀なくされる。ラファティは介護人さえ寄せ付けず、ドリスの世話を全部引き受け、彼女を完璧に支配した。肉体的にも精神的にも鋼のように強かった女が、晩年はこの執事の意のままだった。女主人が死ぬとラファティは彼女の寝室を自分のものにし、ドリスのジュエリーやドレスを身につけて彼女になりきって屋敷を闊歩したという。

グロテスクな主従逆転が明らかにされる一方、ドリスとラファティの間には特別な絆があったのだという説もある。ラファティは屋敷の維持に莫大な資金をつぎ込み、関係者から責められると「ご主人様が生まれ変わって戻ってらっしゃった時、屋敷が荒れていたら困る」と本気で答えていたそうだ。ラファティはドリスの死から三年後に亡くなった。ドリスがラファティに寄贈した五十万ドルのうち、彼の死後に残った三十五万ドルはデューク基金に寄付された。ドリス・デュークが安住の地を夢見て建てたシャングリラは現在、美術館として開放されて、鮮やかな色彩で訪問者たちを楽しませている。

名声だけを求めたベストセラー作家
ジャクリーン・スザン
Jacqueline Susann

一九七〇年、七月。グラマン社の小型ジェット機がフィラデルフィアの空港に降り立とうとしていた。飛行機の両サイドには「The Love Machine」という文字が大きくペイントされている。飛行機が着陸すると、タラップから一人の女性が降りてきた。彼女は集まった記者たちに対して映画スターのように笑顔を振りまいた。派手なアイメイクにオレンジの口紅、すらりとした長身。彼女は女優でも歌手でもない。ショービジネス界のゴシップに満ちた小説『人形の谷間』(一九六六)で知られる作家ジャクリーン・スザンである。ジャクリーンは自身の小説第二弾の『ラブ・マシーン』(一九六九)を売り込むために、こんな奇抜なプロモーションを行っていた。

ジャクリーン・スザンは最初から作家に憧れていた訳ではない。一九一八年、彼女はペンシルバニア州フィラデルフィアで生まれた。小さな頃はIQがとびきり高いにもかかわらず、怠け者であったという。上昇志向の強い娘だったジャクリーンは、十八歳で地元の美人コンテストで優勝すると、女優としての成功を夢見て十九歳でニューヨークへ移住してきた。

歌も演技も出来ない彼女に、ブロードウェイは冷たかった。たまに端役にありついても、すぐに解雇されてしまう。ジャクリーンの情熱は女優業そのものではなく、それに付随する華やかな世界と名声にあったのだ。現実の仕事には身が入らなかったのだ。

それでも、有名になりたい一心で、ジャクリーンは仕事に食らいついた。一九三六年、彼女はブロードウェイの『ザ・ウィメン（The Women）』という舞台で端役を得た。タイトル通り、百三十人以上いるキャストの全てが女性という話題の舞台だったが、一瞬の出番にもかかわらず、あまりに演技がひどいという理由でジャクリーンは開幕直後にクビになっている。それでも彼女は諦めなかった。一年以上にわたって『ザ・ウィメン』の楽屋口に現れ、目に涙を浮かべて主演女優の演技を賛美し、スタッフやキャストの仲間に食い込んで、舞台に返り咲いたのだ。

彼女は一九三九年に年若いプロモーターであるアーヴィング・マンスフィールドと結婚する。アーヴィングはショービジネスの世界のインサイダーであり、セレブリティとマスコミにコネが効いた。ジャクリーンは夫の尽力で、何とか名声をつかもうとする。

パーティではいつも主役で、業界内の華やかな人気を得ることは出来たが、仕事は上手くいかなかった。彼女が初めて脚本を書いた芝居『ラブリー・ミー（Lovely Me）』はわずか三十七公演で打ち切りが決定。一九五一年にはデュモント・テレビジョン・ネットワークで自分のトーク番組を持ちホステスを務めるが、番組は二カ月で終了した。コマーシャルの仕事は長続きした。でも、彼女が欲しいのはそんな程度のステイタスではなかった。

業界内の事情にばかりくわしくなり、倦《う》んでいく生活が続いた。一九六二年、彼女に悲劇が訪れる。乳ガンであることが判明したのだ。普通なら落ち込むところだが、ジャクリーン・スザンは違った。彼女は一念発起して、作家に転身することを決意したのである。

「有名になる前に、死ぬ訳にはいかない」

プロデューサー業に転身したアーヴィングの仕事は下り坂で、彼女にはお金も必要だった。一人息子のガイは強度の自閉症で施設での生活を余儀なくされていたし、病気の母親も抱えていた。そうして猛然とタイプライターに向かった時、ジャクリーンは既に四十二歳になっていた。

夫や友人からのアドバイスで彼女が最初に書いたのは、愛犬であるプードルを主人公にした『エブリナイト、ジョセフィーヌ！（Every Night, Josephine!）』であった。野心的な新興出版社のバーナード・ゲイツ&アソシエイツが権利を買い上げ、一九六三年に発売されたこの本はスマッシュ・ヒットした。バーナード・ゲイツ&アソシエイツはジャクリーンと次作の契約を結ぶが、次に彼女が送ってきた原稿に驚いた。ショービジネス界の内幕を描いた小説で、やたらと扇情的だが、内容も文章も支離滅裂。バーナード・ゲイツは出版を断るつもりでいたが、家で原稿を読んだ彼の妻の意見は違った。

「この本はきっと受けるわ！」

それが後に三千万部という驚異的な売り上げを誇ることになる『人形の谷間』の第一稿だった。

このままではとても世に出せないと考えたゲイツは、彼が編集者として信頼を置くドン・プレストンを担当につけた。プレストンにとっては地獄のような日々が始まった。ジャクリーン・スザンは小説の骨組みを全く分かっていない上、場面を構築する能力もゼロだった。彼はジャクリーンの原稿を切り刻み、順番を入れ替え、文章に修正を入れて、時には自分で必要となる場面のざっとしたあらすじまで書いて、それを基にジャクリーンにリライトさせた。何度も校正と再校を重ねたので、ジャクリーンは混乱しないように書き直しごとに黄色、ピンク、青、緑と作品をタイプする紙の色を変えていったという。

何度かのリライトの末、一九六六年に本が出版されると、ジャクリーンと夫のアーヴィングはショー・ビジネス界の方法論にのっとり、常識破りの大がかりなプロモーション活動を展開する。ジャクリーンたちはブック・ツアーで全国の本屋を回り、そこの店主の周辺情報を集め、個人的な贈り物や手紙を欠かさなかった。取次や営業、配送の人々にまで挨拶をして、本を売り込んでくれるように頼んだ。地方のラジオやテレビ局の番組にはかならずブッキングした。芸能界のツテで有名なトーク番組には残らず出演して『人形の谷間』を宣伝しまくったのである。

メディア戦略の効果は覿面《てきめん》だった。『人形の谷間』は大ヒットし、ニューヨーク・タイムズのベストセラー・リストに名を連ねるようになると、本の人気は更に加速した。

『人形の谷間』は売り上げ一位を独走し、ジャクリーン・スザンはアメリカで最も有名な作家となったのである。

『人形の谷間』のセンセーショナルなヒットは、ジャクリーンの文章の質を考えると驚くべきものだった。あれほどまでにリライトを重ねたにもかかわらず、この小説は〝アメリカ文学史上最低の作品〟というありがたくない称号に輝いている。芸能界を目指した三人の娘がドラッグやセックスで身を持ち崩していくという内容も陳腐そのもの。文学としての価値はないに等しかった。

しかし、彼女にはショー・ビジネス界での経験があった。役を得るために男女問わず寝る人々、プレッシャーに耐えきれず薬に溺れる人々を大勢見てきた。彼女自身もその一員だった。ジャクリーンは有名コメディアンのエディ・カンターを皮切りに、舞台で知り合った男女を相手に浮気に励んだ。彼女がベッドを共にした同性にはココ・シャネルや女優エセル・マーマンなどの有名人もいたという噂である。ジャクリーンは彼女自身が芸能界で見聞きしたことの全てをこの一作に投入したのだ。バーナード・ゲイツ&アソシエイツの編集者たちも、登場人物の台詞に関しては〝臨場感たっぷり〟だと彼女の才能を認めている。ジャクリーンは自分の耳で聞いたことを決して忘れなかった。『人形の谷間』に出てくる業界人たちの言葉は、実際に彼女が聞いて覚えておいたものばかりだった。

『人形の谷間』は様々なセレブリティが名を変えて登場する。ヒロインの一人、ニューイングランドの堅苦しい街からニューヨークに出てきて、最終的にコマーシャル・モデルとして成功するアン・ウェルズはジャクリーン本人に、彼女がブロードウェイの舞台で知り合って親友になった女優のベアトリス・コールのプロフィールを混ぜたものだ。エセル・マーマンを思わせる舞台のスターを踏み台にして、芸能界でのし上がっていくニーリィ・オハラのモデルは明らかにジュディ・ガーランド。ジャクリーンがニューヨークに出てきた時に友人になったボードヴィル女優のエルフィーも下敷きにしている。そして肉体の美しさだけを武器にしてスターダムを駆け上がる悲劇の女優、ジェニファー・ノースの基となったのは、グラマー女優として知られるキャロル・ランディスだ。一九四五年、彼女はブロードウェイの舞台『淑女は承諾する（A Lady says yes）』に主演した時に、脇役で出ていたジャクリーンと情事を持った。その後も友人関係は続いたが、三年後、レックス・ハリソンとの不倫で傷ついたキャロルはセコナールの過剰摂取によって命を落としている。

『人形の谷間』のタイトルにある「人形（ドール）」とは、芸能界の若く美しい女性たちの意味もあるが、劇中ではセコナールのカプセルの俗称として使われている。三人のヒロインたちはそれぞれストレスで眠れなくなって、セコナールを取りすぎるようになる。不眠症だったジャクリーン・スザンにとっても、この薬はなくてはならないものだった。彼女は観光で日本に来た際にセコナールを知り、普通に処方薬として売られているのを見て衝撃を受けたという。また、ジャクリーンも小説のジェニファーと同じく、乳ガンを宣告された後に過剰摂取で病院に担ぎ込まれている。

『人形の谷間』で三人の若い女性が芸能界で破滅していく様は、露悪的であるのと同時にリアリティがあった。どんなに美しくても、才能があっても、女たちはそれを全て搾取されて、幸せをつかむことはできない。そこには残酷な真実も潜んでいる。普段、あまり本を読まないような人たちまでが『人形の谷間』に殺到したのには、それなりの訳があったのだ。

『人形の谷間』はあまりに売れたために、純文学の世界から大いに反感を買った。トルーマン・カポーティはテレビのインタビューで、エミリオ・プッチの服を着た派手なジャクリーンのことを「女装したトラック運転手みたい」と馬鹿にした。しかもそれだけでは足りないと思ったのか「トラック運転手を侮辱してしまった」と後に発言を謝罪している。ゴア・ヴィダルは「彼女は小説なんか書いていない。タイプを打っているだけだ」と発言した。ジャクリーンは憤慨したが、自分の人気には絶対の自信を持っていた。

「男性作家の多くは批評家だけを意識して作品を書いている。私はパイプを持って革の肘当てがついたジャケットを着ている人たちを対象としてないの、大衆に向けて書いているんです」

彼女は生前最後に発表した小説『いくたびか美しく燃え』（一九七三）に、自分をコケにした純文学の世界の人々に復讐するかのように、ノーマン・メイラーをモデルにした作家を登場させている。その作家、トム・コルトはマッチョなイメージに反してインポテンツという設定だった。

「かわいそうなトム・コルト。自分では体験出来ないから、セックスの妄想を作品に書かざるを得ない男」

後年、実際にノーマン・メイラーに会った時、ジャクリーンはぎこちなくしていただけだったとメイラーは言っている。メイラーはその時点で、彼女の小説を読んでいなかった。ジャクリーンの言い分は違う。「あの男は私の耳元でこうささやいたの——いいだろう、ジャッキー。次の俺の本ではお前をメッタ切りにしてやるからな！——って」

ジャクリーンは『人形の谷間』がリライトされたものであるという事実を公表したバーナード・ゲイツを許さず、契約を破棄して第二弾の『ラブ・マシーン』は別の出版社から出した。トラブルは出版契約だけではなく、『人形の谷間』を映画化した二十世紀フォックスとの間にも生じた。

ジャクリーンは映画化作品の『哀愁の花びら』（一九六七）の出来には不満を抱いていた。最初はエセル・マーマンを思わせるヘレン・ローソンの役にジュディ・ガーランドが決まり、大いに話題を呼んだ。五年間も映画に出演していないジュディの華々しいカムバック作になるはずで、ジュディとジャクリーンは連れ立って記者会見を開き、テレビ番組にも出て映画のプロモーションに励んだ。ところが、撮影が始まるとジュディ・ガーランドはアルコールとドラッグでもはや女優として使いものにならないことが明らかになった。他にも出演を打診した有名女優たちにはことごとく断られ、『哀愁の花びら』はB級映画と化していった。

今では悪趣味映画の古典とされているこの作品は、公開と同時に批評家に酷評されている。フォックス映画社は更に、ジェニファー・ノース役のシャロン・テイトがチャールズ・マンソンの一派に残酷に殺されたスキャンダルを利用して、勝手に続編映画としてポルノ映画の巨匠、ラス・メイヤー監督による『ワイルド・パーティ』（一九七〇）を発表した。原題は「人形の谷間の果てに（Beyond The Valley of the Dolls）」。無断でタイトルを使われたことに腹を立てて、ジャクリーンは映画会社を相手に訴訟を起こした。数々のトラブルによるストレスと無理なスケジュール、パーティ三昧の日々はジャクリーンの健康に影響を及ぼした。乳房を切除したにもかかわらずガンが再発した。今度は肝臓にまで転移していた。治療は不可能だった。

本を売るにはグラマラスなイメージが大事だと考えていたジャクリーンは、最後まで親しい人にも病気のことを公表しなかった。七〇年代に彼女がビキニ姿でホテルのプールにいるところを見かけた知り合いは、片方の乳房がないことにも気がつかなかったそうだ。

一九七四年に亡くなるまで、ジャクリーン・スザンが発表した小説はわずか三冊。そのどれもが記録的ベストセラーだった。文章は上手くなかったが、カリスマ性で人を魅了し、メディアでは常に人気者だった。テレビに出ることが大好きで、自分が司会役と知ると低予算のニュース・ショーのオファーも受けた。その番組の途中でロバート・ケネディ暗殺のニュースが入ると、彼女は大真面目に言った。「では楽しい番組を続けましょう。ボビーもきっとそれを望んでいるはずです」

「有名になりたい」という彼女の夢は叶ったのだ。献身的な夫のアーヴィングは、彼女の遺灰を入れた容器にジャクリーンの生年月日を記す時、彼女がいつもそうしていたように年齢を三歳ごまかすことを忘れなかった。

ソフトコア・ポルノ映画の女性監督

ドリス・ウィッシュマン

Doris Wishman

一九七三年、ニューヨークのとあるオフィス。部屋の中にカメラが持ち込まれ、低予算映画『チェスティー・モーガン in ダブル・エージェント73』が撮影の最中だ。

上半身裸で大きな胸を揺さぶっている主演女優が、ポーランド出身のストリッパーのチェスティー・モーガンだ。サイズ一八五センチという驚異的なバストの持ち主である。この映画で彼女は麻薬密売組織の捜査をするシークレット・エージェントを演じている。チェスティー演じるジーン・ジェネット、通称エージェント73の左胸には隠しカメラが仕込んであるという設定だった。チェスティーが胸を持ち上げるたびに、シャッター音が響く。敵に見つかると彼女はその大きな胸で男たちを殴打する。あるいは、その胸を押し付けて窒息死させるのである。

しかし、今回の主役はこの巨乳女優ではない。カメラの向こうでサングラスをかけて苦い顔をして俳優に演技をつけている、身長一五〇センチ足らずの小柄な老婦人の方だ。

彼女の名前はドリス・ウィッシュマン。当時のソフトコア・ポルノの業界で唯一と言っていい女性監督だった。ポルノの世界で珍しい女性監督というだけではない。三十作ものアンダーグラウンド映画を撮ってきた彼女は、監督だけではなく、制作、撮影、編集をたった一人でこなす独立系の女性映画人だった。映画史上、最も作品を撮った女性とも言われている。

ドリス・ウィッシュマンの特異性は、彼女が男ばかりのアンダーグラウンド映画界で働いていたという事実にとどまらない。予算だけではなく、カメラの技術もないドリスは独自の手法を映画に持ち込んだ。

ドリス・ウィッシュマンの映画の中でも人気の高い『悪い娘は地獄行き（Bad Girls Go To Hell）』（一九六五）を見れば、彼女のスタイルがよく分かる。ジョン・ウォーターズも影響を受けたと言われている一本だ。主人公はボストンに住む主婦。彼女は裸の透けて見えるシースルー・レースのガウンでゴミ捨てに出たところを、清掃員に襲われてレイプされてしまう。更に相手から脅されてアパートに呼びつけられた彼女は、清掃員をボウルで撲殺。バスに乗ってニューヨークに逃亡するのだが…というストーリーだ。大都会に行ったら行ったで、頼る人全てに裏切られるという地獄巡りが待っていて、女は三界に家なしである。

モノクロの画面はパッと見る分にはスタイリッシュだ。サウンド・トラックもオリジナルに作曲されたものではない、誰でも使用可能なライブラリー音源とは言え、それなりにかっこいいハリウッド・ジャズ調のスコアで、それだけで形になりそうなものだが、映像と話の流れの奇妙さの方に気がとられて、時々、ストーリーを追うのも忘れてしまいそうになる。意図したジャンプ・カットではない唐突なつなぎに、ヒロインが襲われる瞬間や緊迫した場面で、いきなり関係なくインサートされる灰皿や花瓶といった小物。話の途中の、登場人物の膝や足といった体の部分の意味のないクローズ・アップ。それらは撮影が難しいアクションを撮る手間をはぶいた結果、挟まれたシーンだと言われている。

おかしいのはサスペンスの場面ばかりではない。会話シーンも何だか奇妙で落ち着かない。ドリスは撮影現場で台詞を録音するのではなく、後からダビングすることを好んだ。画面の俳優の口の動きに合わせて会話を録音するのが面倒だったからだ。それでも出来上がった映画では、口の動きとセリフがシンクロしていないことがしばしばだった。だからドリスはセリフを言うシーンの時は俳優の顔を滅多に映さなかった。会話シーンは話している人間ではなく、それを黙って聞いている側の人間の顔や後頭部のアップが多用されている。

「(低予算制作のため) 私が雇った俳優はろくに喋ることが出来なかったの」とダビングの理由についてドリスは語る。「南部訛りで何を言っているのか分からない俳優もいた。チェスティー・モーガンのポーランド訛りなんかひどいものだった」

ドリス映画の特色のひとつに独特の奇妙なプロットがある。最初に扇情的なタイトルを考え、それに当てはめたキャラクターやストーリーを作っていくのが彼女の創作のスタイルだった。ドリスはそんな映画作りのプロセスをとても楽しんでいたという。彼女はそのシュールな作風のため、映画ファンから「女版エド・ウッド」とも、「ゴダールに匹敵する作家性の持ち主」とも呼ばれている。彼女を崇拝してやまないジョン・ウォーターズだけではなく、B級映画の王者であるロジャー・コーマンや低予算ホラーで知られるラリー・コーエン、そしてジョン・カーペンターなどが、ドリス・ウィッシュマンの作風やその制作の姿勢に影響を受けたと言われている。

ドリス・ウィッシュマンは一九一二年、ニューヨークのクイーンズ地区で生まれた。ドリスは長い間、二〇年生まれだと自己申告してきたが、死後、親戚によって本当の年齢が明かされた。彼女の発言は他にも誇張が多く、映画界に入る前のことはほとんど分かっていないという。

「私の人生なんか、何も面白いことはありませんよ」とドリスはインタビューで答えている。若い時は女優を目指していて、シェリー・ウィンターズなどと同じ演劇学校に通ったという話だが……。

一九四〇年代の終わりから独立系の映画配給会社に勤めていたドリスは五〇年代末に夫を亡くし、映画制作に乗り出す決心をする。この頃、彼女は五十代になろうとしていた。夫の死から一カ月後にはもう最初の映画を撮っていたらしい。

それまで、彼女は配給会社でヌード・シーンのあるヨーロッパ映画や扇情的な低予算映画を扱ってきた。ドリスは映画の作り方は知らなかったが、どうすれば売れるのかは熟知していた。

ドリスが映画界に入った頃、ハリウッドではモラルが厳しくなり、暴力や性的なシーンを制限する自主規制制度、ヘイズ・コードによってヌード・シーンは一般の映画から消えた。これで逆にセックスや暴力を主題とするアンダーグラウンド映画が流行ることになって、セクスプロイテーション映画というジャンルが作られることとなった。その中でヌードの美人を出すヌーディ・キューティと呼ばれる軽い映画が流行していた頃で、ウィッシュマンはそのアンダーグラウンド・シーンに、ヌーディストの風俗を持ち込んで参入してきた。

彼女の処女作『太陽の下の脱獄者（Hideout in The Sun）』（一九六〇）のプロットはこうだ。刑務所から脱獄してきた二人の男が道中、娘を脅して潜伏場所を提供するように命令する。娘が彼らを連れて行ったのは、ヌーディスト村だった。全裸で無邪気にバレー・ボール等のレジャーを楽しむ人々を見て、男たちは驚く。サスペンスは一転してヌーディストたちを描いた牧歌的な物語へと変わってしまう。

彼女の次の作品『月面ヌード（Nude on The Moon）』（一九六一）は、宇宙飛行士たちが月に到着したら、そこはヌーディスト村だったという仰天のSFだった。低予算なので、飛行士たちが乗るロケットの外観は本編に登場しない。月の場面は緑が生い茂る庭で、そこのプールでアンテナ付きのカチューシャをつけた半裸の宇宙美女たちが寝そべったり、ボール遊びをしたり、無邪気に戯れたりする様子が三十分以上続く。

こうしてドリスは六〇年代前半、ヌーディスト映画というジャンルで地位を築くことになる。ドリスは最初の数作について、フロリダにあるサニー・パルム・ロッジというヌーディスト村で撮影をしていると言っていた。

「撮影している私たちもヌードでなくてはいけないと言われたけれど、それは断りましたよ」

どうやらそれは嘘らしい。ヌードの人々を撮影する口実に、彼女は実在のヌーディスト村の名前を使っただけであった。

ウィッシュマンが自分の仕事について家族にくわしく話すことはなかったが、きょうだいとの絆は強かった。最初の映画を作るときは、姉のパールに一万ドルの資金を貸してもらっている。すぐに借金は返済された。ドリスは主な映画の資金を家族や知り合いからの借金でまかなっていた。映画の制作方法はめちゃくちゃだったが、お金についてはクリーンなため、資金繰りに困ることはまずなかったという。ドリスはアンダーグラウンド映画の制作者としては珍しく、映画の撮影終了日までにスタッフやキャストにちゃんとギャラを支払うことでも有名だった。

彼女はカメラの技術的なことは分からず、フィルムのつなぎなどの実作業は他人任せではあったが、資金集め、キャスティング、脚本、監督、編集、配給を全部自分で行う独立独歩のキャリア・ウーマンだった。映画にはスタッフとして何人もの名前がクレジットされているが、それは実際よりも製作費の高い映画に見せかけるためだった。他のプロデューサーや映画スタジオのために働いたことは一度もない。そのために余計な費用がかからず、信じられないほどの低予算で映画を作ることが出来たのだ。ドリス・ウィッシュマンの映画はドライブ・イン・シアターや低予算のホラーやセクスプロイテーション映画をかけるグラインドハウスの映画館で上映されて、収益を上げていた。

しかし、独立系の低予算映画には流行り廃りがある。ドリスもいつまでも呑気なヌーディ・キューティ映画を撮っている訳にはいかなかった。六〇年代後半には「ラフィー」と呼ばれるセックスとバイオレンスを組み合わせたジャンル映画に移行。『悪い娘は地獄行き』や、男が拾った人形に対する性的な行為や暴力に、その人形によく似た生身の女性が反応するという不思議なプロットの『淫らな欲望（Indecent Desires）』（一九六七）はその頃の代表作だ。

「セクスプロイテーション映画の女王」と呼ばれることが多いドリスだが、人にそう言われると「私はセックスについての映画など一作も撮ったことはありませんよ」と答えていた。確かに彼女の映画には（ほとんど意味のない）ヌード・シーンはふんだんにあるが、直接的なセックス描写は非常に少ない。あくまでソフトコアだ。そこがドリスの考える限界だったのだろうか。

チェスティー・モーガン主演の『デッドリー・ウェポン』（一九七四）、『ダブル・エージェント73』（一九七四）を成功させた後、七〇年代の終わりにドリスはソフトコア・ポルノから別のジャンルの監督に転身をはかった。一般映画でもヌードやベッドシーンが普通となり、ポルノ映画の主流はより過激な「本番」シーンのあるハードコア・ポルノに移っていった。

ドリスも七〇年代半ば、ハードコア作品『悪魔は淑女だった（Satan was a Lady）』（一九七五）『カム・ウィズ・ミー、マイ・ラブ（Come with me, My love）』（一九七六）を手がけているが、その二作については長い間、自分が監督したことを否定していた。実際の撮影現場でも「本番」のセックス・シーンの撮影になるとドリスは「あとはやるべきことをやってちょうだい」と言い捨てて、別室へと引っ込んでしまったという。

性転換をテーマにした擬似ドキュメンタリー・タッチの『女として死なせて（Let Me Die A Woman）』（一九七八）を撮った後、ジョン・カーペンター監督の『ハロウィン』（一九七八）等の低予算ホラー映画が受けるのを見て、ドリスはホラーを撮る決心をする。

しかし、ポルノ女優のサマンサ・フォックスを主演に迎えたドリスの初のホラー作品『バラバラ死体の夜（A Night to Dismember）』は呪われた作品となってしまった。撮影終了後、フィルムを送った現像所が倒産。給金を貰い損ねたスタッフたちが激怒して社内を荒らしたせいで、彼女の映画もオリジナルのネガの半分を失ってしまった。例によって友人や親戚から借りた資金は全て制作に回してしまったため、再撮影は不可能だった。ドリスはそれでも必死に他の映画からのテイクやフィルムの断片をつなぎ合わせて、八ヵ月かけて作品を完成させた。一九八三年にようやく公開された『バラバラ死体の夜』を待っていたのは酷評の嵐だった。ドリスはそれまで制作してきた映画のフィルムをほとんど全て売り払い、映画界を退いてマイアミに越していった。その後は生活のために、フロリダにある「ピンク・プッシーキャット・ブティック」という店で大人のおもちゃを販売していたという。

しかし、どんなに老いてもドリス・ウィッシュマンは映画人だった。本当の引退など考えられなかったのだろう。彼女を敬愛するジョン・ウォーターズ監督の映画『シリアル・ママ』（一九九四）に『デッドリー・ウェポン』がフィーチャーされるなど、九〇年代、カルト映画の監督として再び注目されるようになると、ドリスは『バラバラ死体の夜』をDVD化して〝最低映画〟として売って、それを足がかりに再び作品を制作する資金を得て『ディルド天国（Dildo Heaven）』（二〇〇〇）を完成させると、映画の世界へとカムバックしていった。『ディルド天国』はニューヨーク・アンダーグラウンド・フィルム・フェスティバルでプレミア上映されて、ドリス・ウィッシュマンは「カルト映画の女王」の健在ぶりを見せつけた。

ドリスは晩年に三本の映画を監督している。最後の作品『私が殺す度（Each Time I

Kill)』の完成間近の二〇〇二年、悪性リンパ腫で九十年の生涯を閉じた。映画の撮影中、他のスタッフには深刻な病状を隠していた。死ぬ間際になり話すことが出来なくなっても、病院のベッドで映画の撮影後の作業をどうするべきか指示を書きつけていたらしい。

「死んだら地獄についての映画を撮るわ！」というのが、晩年の彼女の口癖だった。

バーレスク最後の女王
キャンディ・バー
Candy Barr

一九五九年、ハリウッドのサンセット・ストリップの「ラルゴ」。一流エンターティナーたちが出演することで知られているこのクラブのステージで、大人数のジャズ・バンドを従えて踊る一人のダンサーが観客を大いに沸かせていた。

バンドのメンバーが繰り出すアドリブに合わせて、彼女は自由気ままに即興でステップを踏む。金髪に無垢な緑の瞳、幼い顔立ちはまるで十代の少女のようだ。衣装は房飾りがついたビキニ・パンツと乳首を覆うタッセル・ペイスティーズのみ。筋肉質の足、くびれたウェスト、Dカップの大きな乳房は汗に濡れている。クラブの特等席では、ダブルのスーツに身を包んだ恰幅のいい男がそのダンサーを欲望の眼差しで見つめていた。有名なギャング、ミッキー・コーエンだ。彼が狙いを定めているストリッパーの芸名はキャンディ・バー。見事なスタイルとダンス、そして数々のスキャンダルで全米に名を轟かせたバーレスクの女王である。

キャンディの本名はファニータ・デール・スラッシャー。彼女は一九三五年、テキサスの田舎町エドナの貧しい家に生まれた。天使のように愛らしく、守ってくれる者のいないホワイト・トラッシュの少女は、早くから男たちに目をつけられた。四歳の時に近所の少年から悪戯されたのを皮切りに、ファニータは子守役の男や、母の死後すぐに家庭に入ってきた父の後妻、その親戚から性的な虐待を受けて育つ。我慢出来なくなったファニータは、叔父夫婦と暮らしている姉のところに身を寄せるが、姉は自分を頼って来た妹を騙して、十二歳の彼女の処女を見知らぬ男に売った。
十三歳の時、ファニータは姉のところを飛び出して、ヒッチハイクで華やかなダラスの街に逃げようとする。彼女を車に乗せてくれた男たちはファニータの体が目当てだった。何度レイプに遭っても、彼女は家に引き返したり、警察に訴えたりしなかった。家族から逃げて都会に出ることが何よりも彼女の願いだったのだ。ファニータは自分の目的地が若い娘にとって危険な街であることを知らなかった。当時のダラスには訳ありの家出娘たちを誘拐して監禁し、売春婦として売り飛ばす組織が数多く存在していたのである。

ウェイトレスとして働き始めた彼女の姿は当然のように街のちんぴら達の目を惹き、サディストの窃盗犯につけ狙われるようになる。ファニータは自分の身を守るため、その頃に知り合ったビリー・ダブスという青年と大急ぎで結婚するが、彼は窃盗のアシスタントにファニータが欲しかっただけだった。ファニータはシガレット・ガールをして生活を支えたが、ビリーが刑務所に入り、離婚を決意する。

その頃の彼女の楽しみといえば、一日の仕事が終わった後のダンスだけだった。正式なダンス・レッスンは受けたことのないファニータだったが、リズム感は抜群で、彼女が踊るとその場にいる誰もが見とれたという。

疲れを知らずに踊る少女に、トロイ・フィリップスという男が目をつけた。家出娘たちを痛めつけては売春させている男である。トロイはファニータに近づき、彼女に身寄りがないことを確かめると、帰り道に待ち伏せしてファニータをさらい、身ぐるみを剝いで自分の家に閉じこめた。それからは地獄のような日々が始まった。当時十四歳だったファニータはトロイの家からホテルに派遣されて、一日に十人もの客を取らされた。自由の身になるまで、彼女が強要された売春行為は四千回に及ぶと言われている。ファニータの顧客はギャングの男たちだけではなかった。彼女が顧客の電話番号を書き留めた手帖には、ダラスの街で名前の知られた紳士たちの名前もあったという。これが後に、更なる面倒を起こすことになる。

十六歳の頃、ファニータはセックス・フィルムを撮られている。この映像をもとに作られたのが「アメリカで最初のブルー・フィルム」と呼ばれる『スマート・アレック(Smart Alec)』(一九五一)だった。本番行為を映したポルノのフィルムはこの映画以前にもあった。当時、それらのハードコア・ポルノのフィルムは八ミリで秘密裏に売られて、大学のフラタニティ・クラブや男たちだけのパーティでひっそりと上映されるのが常だった。五分前後のものがほとんどだったというが『スマート・アレック』は十五分のドラマ仕立ての短編映画になっていた。「最初のブルー・フィルム」と呼ばれるのはそれ故だろう。

ファニータはクラブで飲み物にドラッグを混入され、酩酊状態にあった時にホテルに連れていかれて無理矢理撮影されたものだと主張している。『スマート・アレック』はアンダーグラウンドで飛ぶように売れて、主演女優が後にストリッパーとして有名になったこともあって、その過激な内容について噂が飛び交った。実際には、セールスマンが旅先で出会った若い女性、ファニータとセックスするという珍しくもない内容だった。セールスマンにオーラル・セックスを求められてファニータが拒否するシーンは脚本になく、彼女の本物の反応だったという。売春行為を強要されるようになって、彼女が一番辛かったのがこのオーラル・セックスだった。だからどうしても、撮影ではやりたくなかったのだ。映画ではファニータが行為を拒絶した後、自ら別の女性をホテルに呼んで彼女をセールスマンにあてがい、オーラルをさせるという展開になっている。

同じ時期、彼女の容姿の良さに惹かれたダラスのクラブ・オーナーが、ファニータに自分のところで働かないかと声をかけてきた。彼女はトロイにクラブの上客を連れてくると約束して、シガレット・ガールとして働きはじめる。そのクラブで彼女はストリップ・ダンサーとしてステージで踊るようになった。そこは小さなクラブだったが、オーナーのきょうだいが経営する「コロニー・クラブ」はダラスでも指折りのエンターテインメント・スポットだった。ファニータはそこの出演者を養成するバーレスクの学校に誘われた。

バーレスクはストリップだが、全裸になることはない、洗練されたダンス・ショーでもある。ファニータはバーレスクのテクニックに夢中になった。バーレスク・ダンサーとしてデビューするため、彼女は髪をプラチナ・ブロンドに染めた。スニッカーズのチョコレート・バーが好きな彼女に、キャンディ・バーという芸名がついた。「コロニー・クラブ」に出演するようになると、キャンディはあっという間に人気者になった。

バーレスク・ダンサーとして稼げるようになったキャンディは売春行為を拒否するようになり、トロイの家を出る。トロイは暴力でキャンディを支配しようと無理矢理彼女と結婚した。一九五四年には二人の間に長女トロイレーンが生まれたが、キャンディは家を出てしまった。一九五六年、酔っぱらって彼女の家に押し入ったトロイを、キャンディが二十二口径のライフルで撃つという事件が起こった。正当防衛で釈放される頃には、キャンディ・バーはダラスで一番の有名人になっていた。彼女はミュージカル映画『アニーよ銃を取れ』（一九五〇）を思わせるスタイルで記者会見に臨み、それ以降、カウボーイ・ハットにブーツ、ヒップを際立たせるように裸の腰に巻いたホルスターというカウボーイ・ルックはバーレスク・ダンサー、キャンディ・バーのトレード・マークになっていく。事件以降、彼女には下着の広告モデルやグラビアの依頼が殺到し、地元の劇場で『成功はロック・ハンターを駄目にしたか？』の主演を飾った。ブロードウェイの初演と映画版では巨大なバストで有名な女優ジェーン・マンスフィールドが演じたセクシーなスターの役だ。

「ファニータは売春婦だった。一年で四千回も客を取らされるような娘だった。でもキャンディ・バーはダンサーで、スターで、エンターテイナーだった。キャンディ・バーこそ私の本当の姿だった」とキャンディは語っている。

バーレスクの時の彼女にはルールがあった。客は誰も踊っている彼女に触れてはならなかった。バーレスク・ダンサーとして一般客の独身さよならパーティに呼ばれることも多かったが、そこで彼女の衣装のボトムに手をかけた客をビール瓶で殴って怪我させたこともある。キャンディは舞台の上で輝き、常に守られていた。

キャンディ・バーが有名になって慌てたのはトロイだけではなかった。彼女のかつての客だった紳士たちも、過去の行為でキャンディに強請《ゆす》られるのではないかと危惧していた。ダラスの街の品位を下げた女として彼女は度々非難にさらされ、一九五七年、麻薬所持で逮捕された。キャンディは他人から押しつけられたマリファナを持ち帰った途端、警察に踏み込まれたのだと語っている。自分の顧客だった何者かにはめられたのだと彼女は信じていた。所持していたマリファナは少量だったにもかかわらず、キャンディは十五年の禁固刑を求刑されている。

刑が確定するまでダラスではステージに立てないということで、キャンディはラスベガスやロスの舞台に出るようになる。それで彼女の名声はますます高まった。当時のキャンディのギャラは週二千ドル。押しも押されもせぬスターだった。ハリウッドでは映画『賭場荒し』（一九六〇）でダンサーを演じるジョーン・コリンズにバーレスクの指導をしている。

ミッキー・コーエンが彼女を愛人に求めたのは、その頃のことだ。彼がキャンディについて最初に知ったのがいつかは、はっきりしていない。キャンディはサミー・デイビス・ジュニアと親しくしていたので、彼から友人のフランク・シナトラに話が伝わり、シナトラのパトロンだったコーエンの耳に彼女の話が入ったのかもしれない。コーエンは刑務所から逃れる術があると言って、キャンディに近づいてきた。彼は偽のIDを使って彼女と娘を南米に逃走させようとしたが、キャンディは彼が信頼できなかった。逆に暗殺を恐れて早々とアメリカに舞い戻ってきている。検察はキャンディからミッキー・コーエンの情報を聞き出して司法取引しようとしたが、キャンディはギャングの仕事については何も知らないと主張している。

一九五九年十二月、キャンディはとうとうテキサスの刑務所に収監された。彼女は模範囚として三年後に釈放された。精神的にも肉体的にも傷ついて故郷の町エドナに帰った彼女を励ました友達が、ダラスのナイト・クラブのオーナー、ジャック・ルビーだった。彼はキャンディがトロイに捕まる前、よく彼の姉が経営するクラブに踊りに行っていた頃から、兄のように接してくれた。

ジャック・ルビー自身はギャングではなかったが、若い頃にアル・カポネの使い走りをしたのを皮切りに、数々の有名なギャングと親交を結んでいる。ミッキー・コーエンも彼の友人の一人だった。しかし優しい面もあり、動物好きなキャンディがブリーダーとして身を立てられるように、ルビーは出所後の彼女に血統書つきのつがいのダックスフンドをプレゼントしてくれた。

「彼とはケネディ大統領はどんなに素晴らしい人かって話をした。ケネディこそがこの国の救世主だってルビーはいつも言っていた」

一九六三年、ダラス市内をパレード中の車中でジョン・F・ケネディが銃で暗殺されるという衝撃的な事件が起きた。狙撃犯として逮捕されたリー・ハーヴェイ・オズワルドという青年。そのオズワルドがダラス警察から郡刑務所に移送される際に、彼を射殺したのがジャック・ルビーだった。彼とギャングの関係から、もう一人の重要人物の名前が浮かび上がってきた。悪名高きストリッパー、元売春婦でミッキー・コーエンの愛人だったキャンディ・バーだ。この暗殺に関わっているのではないかと疑われ、彼女は再び警察に勾留されている。事件とは無関係だと明らかになっても、近所の人々の目は冷たかった。

やがてキャンディは元の職に就くことを許されるが、その頃にはバーレスクの全盛期は終わっていた。振り付けも、脚を焦らすようなテクニックもなしで、ただ純粋にバンドの音楽に肉体で応えるようなキャンディのバーレスク・ダンスは五〇年代においては刺激的だったが、六〇年代の観客が求めたのはもっと過激なストリップであり、彼女の居場所はなかったのだ。六〇年代の終わりの短い期間にバーレスクに復帰した後、彼女は舞台で踊ることをあきらめている。一九七六年、四十一歳の時にポルノ・マガジン「ウィ」に、全盛期と変わらぬ美しいヌードで登場したのがバーレスク・ダンサー、キャンディ・バーとしての最後の仕事となった。

バーレスクを辞めて、本名のファニータに戻った彼女が望んでいたのは神に祈り、詩を書く静かな生活。しかし行く先々で「ギャングの情婦」「売春婦」「ポルノ女優」の汚名がつきまとい、最後まで苦労が絶えない人生だった。二〇〇五年、肺炎により七十歳で死亡。彼女は晩年も往年の美しさを失わず、抜群のプロポーションを維持していた。肉体の美しさ故に男たちから苦しめられた人生だったが、ダンスによってほんの一時でも惨めな境遇から自分を解放してくれたのもその身体だった。彼女は自分の身体とセクシーさを誇りに思っていた。

消えたフォーク・シンガー

コニー・コンバース

Connie Converse

一九七四年。フォルクスワーゲン・ビートルに乗って、五十代目前の一人の女性がミシガン州の自宅から姿を消した。

「私を止めないでください。できるのなら、一人にしておいてください。できないのなら、消えさせてください」「人間の社会は私を魅了し、畏怖させて、悲しみと喜びで満たします。ただ、私はつながる場所が見つけられないのです」

家族や親しい人々に宛てた別れの手紙の他に、彼女は弟の家の屋根裏部屋にデモテープや楽譜を残していった。

それは彼女、コニー・コンバースが五〇年代にニューヨークで録音した自作のフォーク・ソングの数々だった。それらの曲に関する音楽出版社からの断り状も一緒に残されていた。コニーは弟フィリップに自分の曲の権利を全て譲るとしたためていた。

コニー・コンバースは一九二四年、ニュー・ハンプシャー州に生まれた。本名はエリザベス・イートン・コンバース。何故か彼女は幼い頃から自分の名前が嫌いで、ニューヨークに行ってコニーと名乗るようになってからは、最も親しい人物であるフィリップにも本名では呼ばせなかった。

父親がバプティスト派の牧師だったため、コンバース家の子どもたちはカード遊びも、ソーダファウンテンでの外食も禁止だったという。そんな厳格な家庭で育ちながら、コニーはむしろ創造的な力を伸ばしていった。習わされたバイオリンは嫌いだったが、ギターとピアノは大好きで独学で覚え、即興で曲を作るようになった。十代の頃は、ブロードウェイのミュージカル音楽やポピュラー・ミュージックなどを作曲するティン・パン・アレーの作家たちに夢中になったが、後にそうした流行歌を「くだらない」と嫌うようになっている。この頃、フォーク・ソングへと彼女を向かわせる何かが既に芽生えていたのかもしれない。しかし、この時期に聞いた音楽や積み上げた知識は後のコニー・コンバースの作詞／作曲に大きな影響を及ぼしているはずだ。

高校では卒業式で総代を務め、学内の賞を独り占めするほどの優等生だった。一九四二年、コニーは奨学金を得て名門女子大学マウント・ホリヨークでフランス語を学び始める。しかし二年生の時に大学を中退すると言って、両親を驚かせた。それまでは反抗的な態度など取ったことのない娘だった。彼女はミュージシャンとしての自分の可能性を試すために、家族から離れて一人でニューヨークへと旅立っていった。

ニューヨークに来てグリニッジ・ヴィレッジに落ち着いた彼女は、印刷所に勤めながら曲を書きためていたらしい。二十代の彼女の生活については、謎も多い。恋人がいた様子もなかったと当時のミュージシャン仲間は言う。コニー・コンバースはアパートで一人、詩を書き、また絵画や漫画を描いた。残されたスケッチから、彼女の芸術的な才能が豊かだったのが分かる。そして独学でギターを練習し、ユニークなフィンガー・ピッキング奏法を身につけていった。

大学中退をきっかけに家族と疎遠になってしまったコニーだったが、中西部に越した弟のフィリップと彼の妻には、自分のアパートでクレストウッド社のオープンリール・テープレコーダーに吹き込んだ自分の曲のデモを毎月のように送っていた。一九五〇年、最初に送られてきた曲は「ダウン・ディス・ロード」。それから一九五五年の「エンプティー・ポケット・ワルツ」まで、デモ・テープに吹き込まれたオリジナル曲の数はおよそ三ダースに及ぶという。

グリニッジ・ヴィレッジは、フォーク・ブームが訪れる直前だった。そこの住人ではあったが、コニーは六〇年代初めにヴィレッジで盛り上がったフォーク・ソング・リバイバルとは無関係の孤高のミュージシャンだった。また、他のフォーク・シンガーとは違い、他の人の曲を一切歌わず、自作自演を通したシンガー・ソングライターの先駆けでもあった。アコースティック・ギター一本で演奏し、一人で歌うことが出来るフォークのスタイルが、彼女の孤独なところ、独立した女性であるところに似合っていたのだろう。この頃のフォーク歌手たちはみんな、既に歌い継がれているフォーク・ソングを自分流に歌うのが主だった。そんな中、コニーは初期のフォークやジャズ、ブルース、ポップス、ヒルビリー音楽やパーラー・ミュージックなどに触発されたオリジナル曲を作って自分で歌っていた。ジョニ・ミッチェルやキャロル・キングなどの女性シンガー・ソングライターが台頭するはるか前のことである。

内気な性格が災いして、コニー・コンバースはライブハウスなどで自分の曲を演奏することができなかった。当時、彼女がミュージシャンであることを知っていた人は少ないのではないだろうか。その頃、コニーは弟のフィリップにこんな手紙を書いている。

「面倒で内向的な性格のせいで自分を表現するのが難しく、私は自身の問題を隠して他人のことばかりに耳を傾けています」

アニメーション作家として後に有名になるジーン・ダイッチのアパートにギターを持って現れた時、コニー・コンバースは三十代になっていた。

イラストレーターでジャズ・マニアでもあるダイッチはアマチュアの録音技師としても友人たちの間で知られていた。ニューヨーク州のヘイスティング・オン・ハドソンにある彼のアパートは、ギター奏者たちが集まるちょっとしたサロンになっていた。彼のアパートでライブ録音したミュージシャンには、ピート・シーガーなどの大物も含まれている。ダイッチはそんな音楽仲間の一人にコニーを紹介され、録音を請け負ったのだ。

分厚いメガネをかけたコニーの飾り気のない姿を見て、ダイッチは修道女が似合いそうな女性だと思った。彼女はお化粧もせず、体型が隠れるような長いワンピースを着ていたという。頑なで、少し傲慢そうにも見えた。しかし、コニーがダイッチに作ったばかりという「ワン・バイ・ワン」という曲を弾き語りしてみせると、アパートの居間にいた人々は静まり返った。シンプルな曲をつぶやくように歌う彼女にプロらしいところはなかったが、ダイッチはその痛切な歌声と悲しみを秘めた曲の世界に胸を打たれた。

それからコニーは金曜日になるとダイッチのアパートを訪ね、彼や友人の前で曲を披露した。そんな日々が一年半ほど続き、ダイッチが録音したコニー・コンバースのデモテープは溜まっていた。ダイッチの手元には、四十曲ほどコニーが吹き込んだオリジナル曲が残っているという。

引っ込み思案のコニーに商業的な成功が訪れることはなかった。ニューヨークに滞在している間、コニー・コンバースがライブ会場やステージで歌ったことは一度もない。友人がエージェントになることを申し出たが、彼女はやんわりと断った。コニーの歌声やユニークな楽曲は、ごく親しい友人やミュージシャン仲間だけが知っていた。一九五四年、ダイッチはつてを頼ってCBSの人気番組「モーニング・ショー」に彼女を出演させた。人気のアンカーマン、ウォルター・クロンカイトの隣で、ギターを膝に抱えてぎこちなく微笑むコニー・コンバースのスチール写真が何枚かあるが、残念ながら動画の方は残っていない。それが公の場でコニーがプロのミュージシャンとして歌った最初で最後の機会となった。彼女のテレビ出演には、何の反響もなかった。

そのあり方と音楽はあまりに新しすぎたのだろうか。コニーは徐々に音楽仲間の輪から外れていく。フォークという音楽ジャンルに見切りをつけたのか、「モーニング・ショー」の出演から数カ月後にはヴィレッジからハーレムのアパートに越して、ピアノでもっと洗練された複雑な曲を作るようになっていった。そして本格的なフォーク・ソング・ブームを待たずに、一九六一年の一月には弟フィリップが暮らすミシガン州のアナーバーへと越していった。

弟が政治学者として籍を置くミシガン大学で秘書の職を得て、更に大学が発行する機関誌の編集長となったコニーは、大学街に馴染んで人脈を広げていく。左翼思想を持つ知的なフェミニストで、政治活動にも熱心な彼女は同僚たちからも一目置かれる存在だった。時折、パーティでギターを弾いて即興で歌を披露することはあったが、音楽やニューヨークでの生活について多くを語ることはなかったようだ。

充実した日々は、七〇年代に終わりを告げた。ストレスに苛まれ、コニーの飲酒と喫煙量は徐々に増えていって彼女の心身を蝕み始めた。仕事で燃え尽きて無気力になり、うつ病状態だったコニーを心配して、家族と同僚たちが資金を提供して彼女をイギリスに送り出した。しかし八カ月の休暇を取ってロンドンから帰ってきてみると、彼女が働いていた機関誌は別の大学に移っていた。更に健康を損ない、子宮摘出の手術を受け、コニーは沈み込んだ。そして一九七四年、恒例の家族旅行を断って荷物を整理し、どこかへと消えてしまったのだ。

家族は私立探偵を雇い、彼女の足跡を追ったが、現在までコニー・コンバースの消息は不明のままである。甥のピーターはその頃、コニーが「ニューヨークに戻る」と口にしていたというぼんやりとした記憶があるが、知り合いが彼女をニューヨークで見かけたという情報はない。車も発見されず、社会保障番号からも足跡を辿れなかった。多くの人が、コニーはどこか見知らぬ土地で自殺したのだと考えている。

二〇〇四年、ニューヨークのラジオ局でジーン・ダイッチがコニー・コンバースの「ワン・バイ・ワン」を流す機会を得たことで、コニーの楽曲は初めて世間に知られることとなり、注目を集めた。カルトな人気を集めるミュージシャン、デヴィッド・ガーランドが「ワン・バイ・ワン」をカバーし、自分がDJを務めるラジオ番組で彼女を大々的に取り上げたのだ。若いミュージシャンや音楽ファンの間でコニー・コンバースの名声は高まり、ついに〇九年には、ダイッチが録音した曲を中心にしたコニー・コンバースの初めてのアルバムがCD発売されることとなる。

アルバム「ハウ・サッド・ハウ・ラブリー」の発表以降、コニー・コンバースの評価は上がり、彼女の名前はアメリカのポピュラー・ミュージック史に刻まれたと言っていい。コニー・コンバースの音楽に魅せられたミュージシャンのハワード・フィッシュマンは残された楽譜を基にして、二〇一四年に彼女がピアノで作った楽曲のCD「コニー・コンバース・ピアノ・ミュージック」を発表。コンバースの音楽を紐解くミュージカル『ア・スター・ハズ・バーント・マイ・アイ』を二〇一六年にブルックリン・アカデミー・オブ・ミュージックで上演している。

シンプルな曲をとつとつと歌うコニー・コンバースの声は、今聞いても不思議な魅力がある。しかし、こんなに多彩な音楽が情報として溢れている世の中で、素朴ともいえる彼女の歌が注目されるのは、どうしてなのだろう。コニーの歌詞をよく聞いてみると、そこにはアイロニーが潜んでいる。

多くの歌詞にはフォーク・ソングらしいストーリーがある。「ロヴィング・ウーマン」で、彼女は自由への渇望を歌っている。しかし、歌の中で人々は外を徘徊する女はろくな者ではないと責める。それでも歌の主人公である「私」はたびたび酒場に現れ、賭博場でポーカー・ゲームに興じる。だが、酒場でビールの泡を吹き飛ばし、カードで櫛以外の全財産をする前に「誰かが私に帽子を被せて、私を家に連れて帰る」。歌の主人公は身を持ち崩さずに済んだと安心するが、それが彼女の本音かどうか分からない。コニー・コンバースの曲で、最も目立つのは孤独への言及とロマンスへの憧れだ。「ウィ・リブド・アローン」は「家と二人きり」で満足して暮らしていた女の歌だが、曲の最後で彼女は一目で男性に心を奪われて全てが変わってしまう。いかにも五〇年代的な、控えめな女性らしいルックスの下で、彼女は何を思ってこのような曲を作ったのだろうか。コニーの曲が持つ複雑さは、思いもよらぬ情熱と苦悩を隠していたコニーその人のようだ。男性との付き合いのなかった姉が性的な隠喩を使った詞を歌うのを聞いて、フィリップは驚きを隠せなかったという。パーソナルで内向きな世界観は、今の時代の厳しい世界で軋轢《あつれき》を感じている人々の心に沁みるのだろう。

自分の音楽が受け入れられることを願っていたコニー・コンバースが生きていたとしたら、その後、どんな人生を送ったのだろうか。彼女は自分の成功を知っていただろうか。彼女の誕生日にニューヨークで、気鋭のミュージシャンを集めたトリビュート・ライブが開かれたことを知ったら驚くだろう。

厚いメガネをかけた白髪の老婦人がある日、ラジオから、遠い昔に自分が作った曲が流れるのを聞いて、胸を押さえる。そんな光景をつい想像してしまう。それはファンタジーに過ぎないだろうか。

「私たちは暗闇を歩いていく／私たちは夜を歩いていく／他のひとたちのように／誰かと一緒にあちこち行くのではなく／ひとりひとりそれぞれに／暗闇の中をひとりひとり／私たちは夜を歩いていく／草地を彷徨《さまよ》っていると／互いが通り過ぎる音が聞こえるけれど／私たちは遠く隔たっている／暗闇の中を離れたまま／私たちは夜を歩いていく／草は濃くそして高く／私たちは過去の記憶の中で道に迷う／月が落ちてしまって／私たちは暗闇を歩いていく／もしあなたの手を取ることが出来たなら／私は輝く／きっと輝く／朝の太陽のように」（ワン・バイ・ワン）

「ドラゴン・レディ」と呼ばれた女優

アンナ・メイ・ウォン

Anna May Wong

ここに、一九二八年のベルリンで撮られた有名なモノクロ写真がある。セレブリティが集められた大掛かりなダンスパーティの最中のスナップで、三人の美しい女性が互いの腰に手をまわし、寄り添って写っている。

パイプをくわえ、自分の腰に手を当てている左端の女性は、ドイツの女優のマレーネ・ディートリヒだ。映画監督ジョセフ・フォン・スタンバーグに抜擢されて主演した『嘆きの天使』（一九三〇）の公開の前だが、既にスター然とした雰囲気がある。メッシュのドレスを着た右端の女性はレニ・リーフェンシュタール。彼女は後にベルリン・オリンピックの記録映画『オリンピア』（一九三八）の監督として映画界に名を馳せ、ナチスとの深い関係を取り沙汰されるようになる。

そして真ん中で微笑む、細身のブラックドレスのアジア人の女性。眉の上で前髪を切りそろえたフラッパーヘアがよく似合う彼女の名前はアンナ・メイ・ウォン。ハリウッド初のアジア系スター女優だ。ハリウッドでの自分の扱いに不満だったアンナ・メイは、イギリスの映画会社と契約しヨーロッパに華々しく打って出たところだった。この一年後、彼女の主演映画『ピカデリィ』（一九二九）のポスターがロンドンの街を席巻する。ポスターで大胆な衣装をつけて踊るアンナ・メイは上半身トップレスだ。映画の本編には登場しないシーンだが、当時のアンナ・メイ・ウォンのイメージを物語っている。彼女がハリウッドで演じ続けたのは、主人公を惑わす妖艶な悪女だった。後に「ドラゴン・レディ」という通称で知られるようになるステレオタイプの役である。この「ドラゴン・レディ」のイメージがアンナ・メイをスターダムに押し上げ、そして生涯にわたって彼女を苦しめたのだ。

アンナ・メイ・ウォンは一九〇五年、ロサンゼルスのチャイナタウンで生まれた。ランドリーを経営する父親は移民二世だが、一時期は親類が暮らす広東省の村に住んでそこで結婚しており、アンナ・メイの母親とは再婚に当たる。

幼少期のアンナ・メイにはあまり楽しい思い出がない。学校では白人の同級生にいじめられて、嫌がらせを受けた。授業中に背中をピンで刺されるので、六枚も上着を着て登校していた時もあるという。救いは映画館だった。鏡の前で女優の真似事をするのが好きなアンナ・メイは、ハリウッドを身近に感じ、いつしか映画界の一員になるのを夢見るようになっていった。

チャンスは意外にも早くやって来た。当時のスター、アラ・ナジモヴァが中国人のヒロインを演じるサイレント映画『紅燈祭』(一九一九)のロケがアンナ・メイの住むチャイナタウンであり、中国人のエキストラとして彼女も駆り出されたのだ。初期のハリウッドでは、白人が吊り目のメイクをして東洋人を演じる「イエロー・フェイス」は当たり前だった。映画をヒットさせる白人スターなら、演じる役柄の人種は問わないという不文律はその後も長く映画界に残ることとなる。

そう考えるとアンナ・メイ・ウォンのキャリアは奇跡だった。『紅燈祭』の仕事を足がかりに映画界入りした彼女は、十八歳にして映画『恋の睡蓮』(一九二二)で主演を果たしたのだ。

プッチーニのオペラ「蝶々夫人」を下敷きにした『恋の睡蓮』は二色式のテクニカラー方式で撮影された長編映画だ。アンナ・メイ・ウォンが演じるヒロイン蓮花はある日、乗っていた船が難破して中国の海岸に打ち上げられたアレンという名のアメリカ人の青年を助ける。二人は愛し合うようになるが、アレンは母国に戻っていった。彼の子どもを宿した蓮花はアレンとの再会を祈るが、中国に戻ってきた彼はアメリカ人の妻を同行させていた。蓮花は彼の妻に自分の息子を託し、海に身を投げる。その後のアンナ・メイが数え切れないほど演じることとなる、最初の非業の死のシーンだった。

『恋の睡蓮』でアンナ・メイは有名になり、数多くの映画雑誌のグラビアを飾ったが、主演作はそれきりだった。当時のアメリカでは異人種間の関係や結婚が禁じられていたため、彼女は映画でラブストーリーの主役を演じることが許されなかったのだ。映画の舞台設定が例え東洋でも、その東洋人を演じる主演男優が白人ならば中国系のアンナ・メイとのラブシーンは不可能だ。相手役は「イエロー・フェイス」の白人女優が務めることとなる。東洋人を演じる主演女優たちに脇役のアンナ・メイが〝本物のお箸の使い方を教える〟微笑ましい写真が映画のプロモーションに使われた。アンナ・メイは内心忸怩たる思いだっただろう。

主人公と結ばれるヒロインの役を演じられないせいもあって、アンナ・メイには悪女や妖艶な娼婦の役ばかりが来るようになった。はっきりと性的な魅力を振りまきながら、それでも非白人であるが故に触れることがタブーである彼女は倒錯的な存在だった。情熱的な抱擁やキスのシーンを演じる代わりに、アンナ・メイは露出度の高い衣装で踊った。『バグダットの盗賊』（一九二四）でモンゴルの奴隷を演じた時は、彼女の裸の背中にダグラス・フェアバンクスの振るう鞭が舞った。

アンナ・メイ・ウォンはアメリカ以上にヨーロッパと日本で人気があったという話だが、彼女が心の故郷としていた中国では激しいバッシングにさらされていた。アンナ・メイは「ドラゴン・レディ」を演じることによって、中国の名誉に泥を塗っていると思われていたのだ。彼女はアメリカの中国系社会でも特異な存在だった。中国系のエリートは中国の標準語を操るマンダリン・スピーカーたちだったが、アンナ・メイは片言の広東語、それも方言である台山語しか話せない。中国系の労働者にとっては、華やかなアンナ・メイの仕事は到底理解出来るものではない。中国人も中国系アメリカ人も保守的で、結婚もせずに働くアンナ・メイは女性としてはしたないと考えていた。

ハリウッドでのキャリアに行き詰まりを感じたアンナ・メイ・ウォンは、二十三歳だった一九二八年にヨーロッパに渡った。イギリスで撮影した主演映画以上に彼女の活動の転機となったのは、舞台だった。中国の戯曲『灰欄記』を基にした『白墨の輪』で舞台デビューを果たした彼女は、以降は演劇や歌とダンスのショーに力を入れていく。彼女は中国語の歌を取り入れたショーでヨーロッパを巡業し、アメリカに帰国してからはアルゴンキン・ホテルを根城にしてブロードウェイの舞台に立った。ヨーロッパで主演女優としての地位を確立しても、ハリウッドにとって彼女は相変わらず「ドラゴン・レディ」。以前と似たような役しか来なくて、アンナ・メイはうんざりしていた。

この頃の映画における彼女の代表作で、映画史に残る作品といえばジョセフ・フォン・スタンバーグ監督の『上海特急』（一九三二）だろう。主演はスタンバーグのパートナーだったマレーネ・ディートリヒ。北京から上海へと向かう列車を舞台にした物語は彼女が演じる上海リリーと、リリーのかつての恋人で軍曹のハーヴェイを中心に展開するが、上海リリーに同行する中国人の娘フイ・フェイを演じたアンナ・メイも強い印象を残した。鋭い眼差しの中に冷たい怒りを隠したフイ・フェイは、自分をレイプした革命軍のリーダーのチャンに復讐を果たす。かつての恋人を救うためにチャンに身を任せようとするものの、結局は救われる上海リリーは都合のいいお姫様的な存在で、現代の視点で見るとフイ・フェイこそが物語の主人公のようだ。フイ・フェイは普段のアンナ・メイが演じる役とは違って罰せられて死ぬことはなく、彼女なりの勝利をつかんで上海特急から去っていく。アンナ・メイにとっても、ここが映画界のキャリアの頂点だった。

『上海特急』は伝説的な映画デザイナーであるトラヴィス・バントンが手がけたディートリヒの衣装がよく話題になるが、アンナ・メイ演じるフイ・フェイが着るシンプルな旗袍《チーパオ》風のドレスもシックで目を惹く。この衣装をデザインしたのは当時バントンの助手だったイーディス・ヘッドだ。後にヒッチコック映画のヒロインたちやオードリー・ヘプバーンの衣装を手がけて、アカデミー賞の衣装デザイン賞に八回も輝く彼女の初期の仕事である。アンナ・メイとイーディス・ヘッドは親友となり、ヘッドは一九三〇年代後半に、アンナ・メイのために数々の旗袍の衣装を作っている。

女優としてのアンナ・メイ・ウォンの最大の悲劇は、パール・バック原作の『大地』（一九三七）のヒロインの阿蘭役を逃したことだと言われている。一九三一年に原作を読んだ時から彼女は中国を舞台にしたこの大型ドラマの役を熱望していたが、主役の王龍役がポール・ムニに決まるとその望みは絶たれた。彼女に白人俳優の相手役は出来ない。ルイーゼー・ライナーが「イエロー・フェイス」のメイクをして阿蘭を演じてアカデミー賞の主演女優賞に輝いた。

失意の中、京劇の技術と標準中国語の習得を目指し、アンナ・メイは初めて中国に渡った。都市計画でランドリーを失った父親は広東省の村に戻り、その頃は家族の大半が中国で暮らしていた。

中国におけるアンナ・メイ・ウォンの扱いは微妙だった。マスコミは常に彼女を激しくバッシングしていたが、一般大衆は初めての中国系ハリウッド・スターの到来に熱狂したようだ。ただ、広東省で彼女が不機嫌な顔を見せると歓迎ムードが一転し、暴動が起きかけたこともあった。それでもアンナ・メイはしきりに「心の故郷への愛」を本国の記者たちに訴え、京劇をアメリカ全土で広める野心を胸にアメリカに帰っていった。ドラゴン・レディを演じた罪を償うために「私には中国の正しい姿を西洋に伝える義務がある」とアンナ・メイは語っている。

日中戦争が勃発すると、彼女は中国支援の基金のために奔走するようになる。この時代、アンナ・メイがまともに出演したと言える映画作品はわずか二本だ。どちらもプロパガンダ的な戦争映画で、フィルム・ノワールの巨匠ジョセフ・H・ルイスの監督した『ビルマ上空の爆撃（Bombs over Burma)』（一九四二）では、ビルマで戦う中国人ゲリラに協力する小学校教師の役で、標準中国語を喋るシーンがあった。もう一本は『重慶市から来た女（Lady from Chungking)』（一九四二）。ここでは日本軍に拘束されたアメリカ人パイロットを救出するゲリラ軍のリーダーを演じている。

だが、中華民国総統の蔣介石夫人である宋美齢が一五〇〇人の映画スターを招いたハリウッド主催のパーティに、アンナ・メイ・ウォンの姿はなかった。「ドラゴン・レディ」の出席をこころよく思わなかった宋美齢サイドが、意図的に彼女の名前をリストからはずしたのだ。

映画の仕事が途切れたことから来るプレッシャーや孤独から、アンナ・メイはアルコールに溺れるようになる。一九四八年には萎縮性肝硬変と診断され、その後も様々な形で体と精神の不調に苦しんだ。

一九五〇年代の彼女の主な仕事はテレビの端役とゲスト出演だが、一九五一年にはデュモント・テレビジョンで何とアンナ・メイが単独主演のドラマ・シリーズが作られている。『黄柳霜夫人のギャラリー（The Gallery of Madame Liu-Tsong）』は、アンナ・メイ演じるギャラリーの裕福な女主人が財宝にまつわる謎を解くという内容で、黄柳霜はアンナ・メイの本名でもある。アジア系の俳優が主演した初のテレビドラマ・シリーズという意味で貴重な作品だが、デュモント・テレビジョン閉鎖後の権利問題のゴタゴタで、残っていた映像も脚本も全て破棄されたと信じられている。

アンナ・メイ・ウォンの最後の映画出演作はマイケル・ゴードン監督のメロドラマ・サスペンスの『黒い肖像』（一九六〇）。アンナ・メイはラナ・ターナー演じるヒロインのメイドを演じた。かつての大スターがやる役とは到底思えない。デビュー当時、初めてまともな役をもらった時にアンナ・メイは「名前のない使用人の役から、名前のある使用人の役になった！」と喜んだそうだが、キャリアの最後はまた使用人役に逆戻りだった。

だが悪いことばかりではなかった。『黒い肖像』の彼女を見たプロデューサーのロス・ハンターが、ミュージカル映画『フラワー・ドラム・ソング』（一九六一）の重要な役を彼女にオファーしてきたのだ。サンフランシスコのチャイナタウンを舞台にしたこの作品は、アジア系コミュニティ・メンバーを全てアジア系の俳優が演じるというだけでも画期的だった。アンナ・メイが待ち望んでいたような企画だ。

しかし、クランクインの前に体調が悪化。一九六一年、アンナ・メイ・ウォンは心臓発作によって五十四歳の若さで急死した。彼女の歴代の恋人は地位のある妻子持ちの白人男性が主で、誰も彼女と添い遂げようとはしなかった。しかし末の弟が息子のように彼女の面倒を見ていたし、友人にも恵まれていた。晩年が孤独でなかったのが救いだ。

ミュージカル『コーラスライン』（一九七五）でその名が使われるなど、ゲイ・コミュニティでは一貫して人気があったものの、そのステレオタイプの役柄ゆえにアンナ・メイ・ウォンは長らく映画史の中で埋もれた存在だった。しかし生誕百周年を迎えた二〇〇五年頃からその功績が認められ、また脚光を浴びるようになった。ネットフリックスのドラマ『ハリウッド』（二〇二〇）ではミシェル・クルージがアンナ・メイ・ウォンを演じている。往年のハリウッドを舞台にしたダミアン・チャゼルの新作映画『Babylon』（二〇二二）にもアンナ・メイが登場するらしい。デザイナーのアナ・スイのようにファッション・アイコンとして名前を挙げる人も多い。

アジア系の監督／俳優たちが脚光を浴びる現在のアメリカ映画界を、そしてその一方で相変わらず差別や偏見と戦わざるを得ない社会の状況を、アンナ・メイはどう思うだろうか。彼女の苦難の道のり、その輝きは、アジア系のエンターテイナーたちにとって勇気の糧となっていくだろう。

悪魔に魂を売った作家

メアリー・マクレーン

Mary MacLane

一九〇一年、シカゴのとある出版社に、モンタナ州ビュートから手書きの原稿の束が郵送されてきた。差出人は十九歳の女性。原稿を読んだ編集者は頭を抱えた。こんな奇妙なものはそれまで読んだことがなかった。各章にはその年の一月から四月までの日付があり不定期の日記の体裁を取っているが、日常生活の描写はないに等しい。代わりに書かれているのは、作者の心に渦巻く願望、そして有名になりたい、世に出たいという渇望だった。日記は大言壮語的なこんな宣言から始まる。

「女性であり、十九歳であるところの私が、世界を探しても他に類を見ないメアリー・マクレーンという自分自身の姿について、これから出来うる限りに率直に、余すことなく描いてみせましょう」

私は常軌を逸している、生まれながらにして独創的であり、更なる発展の途上にある、私の中には稀に見る生命力が息づいていて、感受性があり、不幸と幸福を感じ取る驚くべき才能がある。良心など持ち合わせていない、善も悪も気にしない、自分の頭脳はアグレッシブなまでの多才さの集合体である。男だったらナポレオン並みに活躍したはず……それなのに、惨めで病的なまでに不幸という、まったく考えられない状況に到達している。

「私は自分についての真の理解者なのです、ああ、本当に」

それはメアリー・マクレーンの絶望から生まれた、激烈な真情の吐露だった。平凡な見かけの少女にこんなマグマのような熱情が渦巻いているとは、周囲は誰も知らなかったことだろう。この頃、彼女はビュートの実家で身を持て余していた。早くから文才を発揮し、高校を優秀な成績で卒業したメアリーは、本当ならばスタンフォード大学に進学する予定だった。ところが直前になって、母の再婚相手である義理の父親から彼女の進学資金は出せないと告げられたのだ。兄たちはそれぞれに未来をつかんで、実家から旅立って行った。それなのに、天才であるはずの自分は地元で燻っている。自分の存在を全世界に知らせたい。この才能はそれに値する。そう考えたメアリーは怒りに燃えてペンを取った。

メアリー・マクレーンは一八八一年、カナダのマニトバ州南部の都市ウィニペグで生まれた。カナダにおけるイギリス系とフランス系の抗争を逃れて、開拓者で起業家の父は家族を連れてアメリカのミネソタ州にやって来た。末っ子のメアリーは田舎でのびのびと育った。父親が病死すると、母親の再婚相手に連れられて、一家はビュートに移住。当時は銅鉱山ブームに沸く賑やかな町だったが、知的好奇心のかたまりのようなメアリーにとっては不毛の地だった。

原稿の中でメアリーは、自分は詩人のバイロン卿やウクライナ出身の女性画家で日記作家のマリ・バシュキルツェフに並ぶ才能の持ち主だと訴えている。特にバシュキルツェフは彼女のお手本であるらしく、「彼女よりも自分は深遠、彼女が天才だとしても自分はその上をいく」とライバル心を燃やしている。違いはバシュキルツェフが美しく、崇拝者に囲まれているのに対し、メアリーには理解者がいないことだという。

若い女にとって、孤独であることは何よりも辛い。喉から手が出るほど名声が欲しい、でもそれ以上に幸せになりたい。一年でも、一日でもいいから幸福を味わえるなら、悪魔にこの身を売り渡してもいい。だから悪魔よ、今すぐここにやって来い！

原稿を読んだ編集者は若い女性のこの手記を持て余し、自分の会社よりもモダンな読み物を扱う向かいのヒューバード・S・ストーン出版にそれを持ち込んだ。そこでこの手記に惚れ込んだのが、ケイト・ショパンの『目覚め』を世に出した編集者のルーシー・モンローだった。『悪魔の到来を待って（I Await the Devil's Coming）』という題名を付けられたメアリー・マクレーンの本は、モンローの目論見通りセンセーションを巻き起こした。一九〇二年の春に批評家向けの本が発送されると騒ぎになり、各新聞や通信社が一斉に『悪魔の到来を待って』の抜粋を掲載した。発売最初の週だけで十万部の売り上げを記録。悪魔と結婚したがるこの「ビュートの過激な少女」を一目見ようと、地元に記者がつめかけた。イギリスやフランス、オーストラリア、ニュージーランドでも本が出版されて、メアリー・マクレーンの名前は世界に轟いた。悪魔は彼女の願いを叶えてくれたのである。

無名の少女の手記がここまでの話題を集めたのは不思議でもある。メアリー・マクレーンのナルシスティックなまでの自己評価、周囲の人々に対する軽蔑、自分の居場所がない社会への不満と呪詛を綴った文章は、今ではインターネットの至るところに散見されるものだからだ。しかし、二十世紀の初めのアメリカにおいてメアリーのような少女は社会的に〝見えない〟存在だった。彼女たちがどんな内面を抱え、何を望んでいるのか。それを描く作家はほとんどいなかった。メアリーは声なき人々のための代弁者となったのだ。

しかもメアリーは他人の好感度など気にせず、性的な欲望やモラル的に許されないことに心惹かれる気持ちについて開示した。当時としてはショッキングだった。とはいえ、彼女が勿体ぶって告白した悪事は実にささやかなものだ。近所の裕福な婦人にお使いを頼まれて、その時に釣りを三ドルくすねたとメアリーは手記で自慢している。彼女はそのお金で、町で嫌われている孤独な老婦人のために大きな花束を買ったという。メアリーは本当のところ、ちっとも邪悪ではなかった。どこにも所属意識を持てない孤独な十代に過ぎなかったのだ。そこが大きな共感を誘ったのかもしれない。

当時のメアリー・マクレーンの人気は異常なほどだった。本が出版された年の七月には彼女の誘拐計画がどこからか漏れて、出版ツアーを阻んだ。メアリーの遊説のスケジュールに自分たちの都市が含まれていないと知ると、ニューヨークの市会議員たちはメアリー・マクレーンの来訪を求める議案を審議した。最終的にジョセフ・ピューリッツァーが自身の「ワールド」紙でニューヨークの名所の取材記事を依頼し、滞在費を一切持つと確約してメアリーを呼び寄せた。彼女は特別待遇を受けて、都会で贅沢を楽しんだ。両性愛者だと公言するメアリーは「ワールド」紙の女性記者ゾナ・ゲイルに一目惚れして、「恋に落ちたメアリー・マクレーンにご用心!」と書いて世間を騒がせた。

この時代のアメリカで、自分のセクシャリティについてここまで赤裸々に語った女性作家はメアリー・マクレーンしかいないだろう。彼女は『悪魔の到来を待って』でも、同性に対する狂おしい恋心を綴っている。しかし、それは高校の女性教師に対する純粋な思慕であり、プラトニックの範疇を出ないものだった。メアリーが具体的な性愛の冒険に乗り出していくのは、有名になった後である。最初の相手は、彼女の憧れの作家だったメアリー・ルイーズ・プールのパートナー、キャロライン・ブランソン。プールの作品の愛読者だったにもかかわらず、メアリーはこの作家が既に亡くなっていることを知らなかった。マサチューセッツ州の作家の自宅を訪ねたメアリーは、不審人物としてブランソンに通報された。そのことがきっかけとなって付き合いが始まり、メアリー・マクレーンは彼女と六年間同棲することとなる。メアリーの生涯で唯一の正式な交際だった。

故郷を出たメアリーはマサチューセッツ州に落ち着き、第二作の『私の友だちアナベル・リー(My Friend Annabel Lee)』(一九〇二)を書き上げる。『悪魔の到来を待って』における悪魔との会話を発展させたようなシュールな作品で、小さな日本人形のアナベルと作家本人の対話からなる小説だった。前作のような過激な告白を期待していた読者にとっては肩透かしだったが、メアリー・マクレーンは時の人だったので売れ行きは上々だった。

しかし、そこから先が続かなかった。執筆中という噂の新作はいつまで経っても発表されず、一九〇四年になると本人の足取りさえつかめなくなった。この頃、メアリー・マクレーンは休暇で訪れたフロリダ州セント・オーガスティンでギャンブルの魅力にはまり、抜け出せなくなっていった。『悪魔の到来〜』の印税も底をつき、メアリーはヒューバード・S・ストーン出版に金の無心をするようになる。出版社が売却された関係で彼女に入るはずの印税が宙に浮いていると、新社長のメルヴィン・イライジャ・ストーン・ジュニアに訴えたのだ。メアリーの要求は筋が通らなかったが、あまりに手紙が面白かったのでストーン・ジュニアは度々彼女に送金するようになった。彼は自分のつてでハースト社の「ニューヨーク・イヴニング・スタンダード」紙に記者のポストを用意した。メアリーは編集者と衝突し、早々と仕事を辞めてしまった。

都会生活に慣れたメアリーは、そこで出会ったユニークな女性たち、とりわけレズビアンの女性たちについて新しい本を書くつもりだった。その計画は頓挫した。継父が荒んだ生活をおくるメアリーを迎えに来て、ヒューバード・S・ストーン出版と交渉して本の残りの印税を支払わせると、彼女をビュートに連れ帰ったのである。

一九〇九年、メアリーは七年ぶりに故郷に帰ってきた。彼女が猩紅熱からジフテリアを併発し危険な病状であると地元のメディアが伝えると、そのニュースは全国区に広まり、ファンが地元に押しかけ、実家の電話は鳴り止まなかった。世間はまだメアリーを忘れていなかったのである。その事実に励まされたのか、病から回復したメアリーは再び手記を綴りはじめた。ミネソタの田園で過ごした幼少期や、これまでの恋愛遍歴について。そこには二人の女性との交際も含まれていた。手記は二ヵ月にわたってモンタナの新聞に掲載され、また彼女の注目度は高まった。メアリーの文芸エージェント、カルヴィン・ハリスは世間からの関心をつなぎとめるために、彼女の様々な話題を振りまいた。メアリーが脚本を執筆した〝問題作〟の舞台がシカゴでかかる。彼女がボランティアの看護婦としてヨーロッパに渡る。華々しい計画が矢継ぎ早に発表されたが、どれも実現することはなかった。その間、メアリーはゆっくり新しい本を執筆していた。

一九一七年、メアリーは『私、メアリー・マクレーン 人間としての日々の日記（I, Mary Maclane : A Diary of Human Days)』を発表。鳴り物入りのデビューだった『悪魔の到来を待って』から十五年の月日が流れていた。

冒頭の「私自身が作った坩堝《るつぼ》」でメアリーは、ビュートで自分と額を合わせ、じっくり考えてみたと語っている。

「私、メアリー・マクレーンは、この広くまばゆい世界では価値のない人間ですが、私自身にとってはとんでもなく重要な存在なのです」

自分のような人間は滅多にいない、ある意味では絶妙な存在である。外側も内側も異教徒で、みえっぱりで、浅はかで、偽りばかり。自分とは特殊な存在で、どこまでも自分自身である。……相変わらずのメアリー・マクレーン節だ。彼女にとって何よりも興味深いのは自分なのである。ただ、田舎にいる身を嘆いて悪魔との対話を夢想するだけだった十代の頃と違い、メアリー・マクレーンも様々な経験を重ねて、大人の作家に成長していた。かつて彼女が描いていたものよりもずっと奥行きがあり、読み応えのある本として『私、メアリー・マクレーン』を評価する声もあった。

今回も出版社は大々的に宣伝して待望の新作を売り出した。しかし、本は期待に反して売れなかった。狂乱の二〇年代が目前だった。断髪とミニスカートのフラッパーたちを前にしたら、銅山町のメアリーの悪徳などおままごとにしか見えなかったのかもしれない。メアリー・マクレーンは三十代で、もはや若い女性とは言えなかった。世間が求めていたのは罪深い〝過激な少女〟で、中年の放蕩女ではなかったのだ。

それでもメアリーの存在感は特別で、『私、メアリー・マクレーン』を読んだシカゴの映画会社から声がかかった。チャールズ・チャップリンとの仕事で知られる名プロデューサー、ジョージ・K・スプアーの指揮のもと、有名監督のアーサー・バースレットがメガホンを取り、メアリー・マクレーンが脚本、ナレーション、主演を務める『私を愛した男たち（Men Who Have Love to Me）』は一九一八年に公開されて、物議を醸した。メアリーはヴァンプ女優さながら、文学者から銀行員、既婚者まであらゆるタイプの男を虜にする悪女を熱演した。自分の体験を元にした映画に自分で主演する。現代のレナ・ダナムがやっているようなことを彼女は先取りしたのである。

しかし、この映画がメアリー・マクレーンの公的なキャリアの終わりとなった。その後は彼女の名前は聞かれず、再び消息不明の状態になってしまう。

一九二五年、「アメリカン・マーキュリー」という定期刊行物に「メアリー・マクレーンは今、どこに?」というファンからの公開質問状が掲載されると、彼女から返答が送られてきた。メアリーはシカゴに暮らしていて「今の自分は作家というよりも人間に近い存在」だという。それでも一九〇二年に出した自分の本は思い出深く、今も誰かに言及されると胸が熱くなる。また自分の中に書くに値するものを見つけたら、それについて書くかもしれないと彼女の手紙には書いてあった。

それから四年後の一九二九年八月、メアリー・マクレーンの遺体がシカゴのホテルで発見された。死因は結核のようだが、新聞はモルヒネによる自殺ではないかとほのめかしていた。メアリーは手持ちで一番いいドレスを着て、赤いルージュを塗った口に不敵な微笑みを浮かべたまま死んでいたという話もある。

その後、メアリー・マクレーンの名前と著作は長い間忘れられていた。不滅の存在になりたいと願い、承認欲求の火の玉になって世間に飛び込んできた少女が残したものは何だったのだろう。一瞬の栄光に輝いて、女性一人を燃やした分の小さな灰の山しか築けなかったのか。そんなことはない。空前のSNS時代になって、メアリー・マクレーンの名前はまた浮上するようになった。文学史に正当な地位を授けるべきだという声も高まっている。かつての彼女が悪魔を呼び出したように、インターネットの片隅で「私を見つけて欲しい」と呼びかける寂しい少女たちの守護神として、メアリー・マクレーンは今、灰の中から不死鳥のように蘇ろうとしている。

さようなら、女たち ——あとがきにかえて

昨年の十一月に、ルーファス・ウェインライトの二年ぶりの来日コンサートに行って来た。ダグラス・ゴードンが作った映像に合わせてニュー・アルバムの曲を弾き語りする第一部に続いて、過去のアルバムから彼がピックアップした曲をやはりピアノの弾き語りで聞かせるリラックスした第二部で、ルーファスが選んで歌った曲に「グレイ・ガーデンズ」があった。

二〇〇一年に発表されたアルバム「ポーゼス」に収録されているこの曲の冒頭には、映画『グレイ・ガーデンズ』のイディ・ブーヴィエ・ビールの声が引用されている。大好きな曲だったが、初めて聞いたときはまだイディの存在は知らなかった。私がイディの物語に出合うのはそれから五年後のことだ。ニューヨーク・マガジンの一ページを飾った、若かりし日のイディのモノクロ・ポートレートを見た瞬間、何故だかその女性が私を呼んでいるような気がして、彼女について書かれた記事のページをめくったのである。ちょうどブロードウェイでミュージカル『グレイ・ガーデンズ』が開幕する頃で、彼女の名前が再び浮上し始めた時だった。

洋雑誌のページから、あるいはバイオグラフィが並ぶ洋書コーナーの陳列棚から、そんな風に自分にとって特別な女性を発見してしまうことがある。ＰＲ誌「アスペクト」で何か連載を持ちませんか、と言われた時、私はそんな風にして見つけた女性たちのライフ・ストーリーを書いてみたいと思った。日本ではまだそれほど知られていないけれど、普通では考えられないような人生をおくった不思議な女性たちの物語である。

彼女たちの伝記を読んでいると、度々「Larger than Life」というフレーズが使われていることに気がつく。人並みの幸福以上の何かを求めた、規格外の女たち。こんな女性に惹かれてしまうのは、彼女たちが感じたストレスや孤独、抑圧を自分もどこかで体験しているからだろうか。もちろん、この本に取り上げた女性たちの人生のドラマと自分を比べる訳にはいかない。スケールが違い過ぎる。それでも、一人一人について書いている間、私は彼女たちをとても身近に感じていた。彼女たちは一度も会ったことのない叔母のようだと思う。もしかして自分が生きたかもしれない悲劇を肩代わりしてくれた姉のようにも思える。自分は帰る家を失いながら、読者の家に祝福を送って「あなたはもう大丈夫」と言ってくれたメーヴ・ブレナンに応えて、私は彼女たちにありがとう、さようならと言いたい。取り上げた女性の中には、連載の頃から比べると知名度がぐんと上がった人もいる。映画『ジュリー＆ジュリア』のメリル・ストリープの演技でジュリア・チャイルドの存在を知った人も多いはずだ。ただ、メリル・ストリープのジュリアは本人というよりも、ダン・エイクロイドのジュリアの物真似の方に近いような気がするが（淀川長治さんの真似をする人々が無意識に小松政夫をコピーしてしまうようなものだろうか）。ミュージカル『グレイ・ガーデンズ』は日本でも〇九年に草笛光子と大竹しのぶ主演で上演されて、私も見に行った。デア・ライトの『小さなお人形の物語』はポプラ社から翻訳版が出ている。カレン・ダルトンはライヴ盤も含め、現在五枚のCDが発売されている。スーザン・サランドンがドリス・デュークを、レイフ・ファインズが執事のラファティを演じたドラマ『バーナード・アンド・ドリス』もDVDになっている。

この本は高校時代に読んだ川本三郎さんの『忘れられた女神たち』に大きな影響を受けている。『忘れられた女神たち』や海野弘さんの『パリの女たち』といった本なくしては、今の自分は考えられない。

「アスペクト」の時から担当してくれた野田理絵さん、ありがとうございました。素敵な本に仕上げてくれた装幀の名久井直子さんと、帯に推薦文を寄せて下さった岸本佐知子さんにも感謝します。また、デア・ライトの公式サイトの管理人であるブルック・アシュリーさんからは貴重な情報をいただきました。

私はこの本を一昨年に亡くなった母に捧げる。彼女の人生はここに出てくる女性たちに負けないほどのドラマに満ちていて、その物語は私をいつも悩ませ、同時に魅了したものだった。

二〇一一年二月

山崎まどか

文庫版あとがき

本書が二〇一一年に出版された時の題名は「イノセント・ガールズ」だった。アスペクトのPR誌に連載されていた時のタイトルは「彼女のリトル・キングダム」で、自分では気に入っていたのだが、単行本化の際に内容が分かりにくいのではという指摘を編集部から受けた。本書で取り上げている女性たちがどういう人か明確にするようにという指示のもと、提示された最初の案が「エキセントリック・ガールズ」。いや、その、それはちょっと。確かに皆さん型破りですが、いくらなんでもそれはないのでは……。

でも、はたと気がついた。社会の規範をはみ出した人々、特に女性というのは「エキセントリック」「奇妙」「頭のおかしな人」という偏見にさらされがちだ。「エキセントリック」ではなく「エクストラオーディナリー」、つまりは「特別な女性たち」として彼女たちを描いてきたと自分では思っていた。でもこの本で取り上げてきた女性たちは、同時代的には「奇妙な女性たち」として扱われ、稀代の変人だと蔑まれた人も少なくない。

最終的にはその破天荒さや生きづらさを「無垢」と捉える形で、「イノセント・ガールズ」というタイトルに落ち着いたが、この問題は自分の中で引っかかっていた。今までにないことをやろうとしている人たち、周囲に迷惑をかけながらも自分のビジョンにこだわって作品を作り上げた人たち、行動は無茶苦茶だけど不思議なカリスマ性がある人たち。そういう個性の持ち主が男性ならば、冒険者や世に理解されなかった天才と見なされる場合が多い。でも、女性だったらエキセントリックだと片付けられてしまう。だけど私がライフ・ストーリーを読んで夢中になり、心惹かれた女性たちはみんなどこかはみ出したところがある人たちばかりだ。彼女たちの生き様は私を魅了してやまない。こういう強烈な個性の持ち主はすぐそばにいる人からすると、その強い生命力の炎で火傷させられる恐れのある危険な人物かもしれないが、時代を経て、彼女たちの放った炎は私たちの魂を温めてくれる熾火《おきび》となって今も輝いている。

私はいつも歴史の中に、そんな熾火のような、星座図に組み込まれない見えない星のような女性たちの姿を探してしまう。近年はフェミニズム的な視点があらゆる分野に及び、それぞれの歴史において周縁に置かれて、今まで語られることのなかった女性たちの存在やその活躍が明らかになってきている。次から次へと興味深い女性たちのストーリーが見つかり、面白そうな伝記や自伝、雑誌記事が目に入ってくる。暗かった夜空が急に無数の星で満ちたかのようで、私は目の眩むような思いを味わっている。

新しく見出された女性たちの物語の中には、偏見や差別と闘い、後続のために道を切り開いたパイオニアの話も多い。とてもパワフルで読んでいて高揚感がある。エンパワメントされるというのは、こういうことを言うのかなとも思う。でも一方で、何かを成し遂げた英雄的な女性たちばかりが、私にとっての「ヒーロー」ではないとも感じる。

あらゆる立場の人たちが自分の意見を表明できるプラットフォームを手に入れた今の時代はエキサイティングだが、様々な問題が表面化されて複雑化していくに従って、モラル的な視線も厳しくなり、窮屈な思いをしている人もいるかもしれない。そういう時こそ、功績だの、他者への貢献だの考えず、なりふり構わずただ生きた女性たちのライフ・ストーリーが必要なのだ。

文庫化に当たって、元の文章を大幅に改稿した。もう一度資料をさらい直し、新しい文献に当たり、新たに発見された事実や見落としを確認しながら、事実誤認があったら正し、説明不足を補い、よりくわしく、深い物語を描き直すことができた。改稿作業を通して、不義理していた叔母に久しぶりに会いに行ったような感覚を覚えた。この本で取り上げた女性たちとの付き合いは一過性のものではないのだ。機会があったら彼女たちの話を何度でも語りたい。

単行本に収録されたものの中で、一九四〇年代にジャズ・ミュージシャンとして活躍したビリー・ティプトンの章は今回、再録するのを断念した。手記や本人の証言など、ティプトンの性自認に関して裏付けとなる資料は見つかっていないが、現代の視点からするとトランス男性であった可能性が極めて高い人物を「女性列伝」の並びで語ったのは、十年前の自分の無知からきた過ちだったと反省している。ビリー・ティプトンの驚くべき生涯については、また違う形で日本の人たちに知ってもらえる機会があるといい。書き手は私でなくてかまわない。

代わりに、ハリウッドで活躍した最初のアジア系スターであるアンナ・メイ・ウォンと、近年注目が高まっている作家のメアリー・マクレーンについての章を追加した。この世界はまだまだ面白い女性たちのストーリーを隠している。追いかけていきたい。

筑摩書房の砂金有美さんがずっと前に出たこの本に注目してくれて、文庫化を推し進めてくれたことには感謝しかない。「真似のできない女たち」という新しいタイトルは二人で考えた。「真似はできないけれど、彼女たちは他人ではない」という砂金さんの言葉は忘れがたい。恩田陸さんには素晴らしい帯文を寄稿していただいて、夢のようだった。改めて、連載と単行本の担当を務めてくれた野田理絵さんにも御礼を申し上げたい。

二〇二二年一月

山崎まどか

主要参考文献

・グレイ・ガーデンズの囚われ人　イディ・ブーヴィエ・ビール
『Edith Bouvier Beale of Grey Gardens: A Life in Pictures』(Eva Marie Beale 著　Verlhac Editions 刊)
「A Return to Grey Gardens」(Gail Sheehy・文 雑誌「New York Magazine」Oct26, 2006)

・寂しがりやの人形絵本作家　デア・ライト
ウェブサイト「Darewright.com」(http://www.darewright.com/)
『The Secret Life of The Lonely Doll: The Search for Dare Wright』(Jean Nathan 著　Henry Holt and Company 刊)
『Dare Wright And The Lonely Doll A Biography』(Brook Ashley 著 DARE WRIGHT MEDIA LLC 刊)

・ジーグフェルド最後の舞姫　ドリス・イートン・トラヴィス
『Century Girl: 100 Years in the Life of Doris Eaton Travis, Last Living Star of the Ziegfeld Follies』(Lauren Redniss 著　It Books 刊)

・路上で死んだフォーク・シンガー　カレン・ダルトン
「In her own time, The Karen Dalton Story」(Mairead Case・文　雑誌「Bust」) January 2007)

Karen Dalton「In My Own Time」ライナーノーツ　Lenny Kaye・文
Karen Dalton「It's So Hard To Tell Who's Going To Love You The Best」ライナーノーツ　Peter Stampfel・文
カレン・ダルトン「コットン・アイド・ジョー」ライナーノーツ　鈴木カツ・文

・テレビスターになった料理研究家　ジュリア・チャイルド
『Julia Child』(Laura Shapiro 著　Viking/Penguin Books 刊)
『ジュリー&ジュリア』(ジュリー・パウエル著　富永和子訳　早川書房刊)
『いつだってボナペティ！——料理家ジュリア・チャイルド自伝』(アレックス・プルドーム、ジュリア・チャイルド著　野口深雪訳　中央公論新社)
「The Passionate, Progressive Politics of Julia Child」(Helen Rosner・文　雑誌「The New Yorker」March 26, 2019)

・嘘つきなテキスタイル・デザイナー　フローレンス・ブロードハースト
『Florence Broadhurst: Her Secret & Extraordinary Lives』(Helen O' Neill 著　Chronicle Books LLC 刊)

・「ニューヨーカー」の孤独なコラムニスト　メーヴ・ブレナン
『Maeve Brennan: Homesick at The New Yorker』(Angela Bourke 著　Counterpoint 刊)
『The Long-Winded Lady: Notes from The New Yorker』(Maeve Brennan 著　Counterpoint 刊)

・アーティストたちを虜にした美神　キャロライン・ブラックウッド
『Dangerous Muse: The Life of Lady Caroline Blackwood』（Nancy Schoenberger 著　Da Capo Press 刊）
『Why Not Say What Happened?: A Memoir』（Ivana Lowell 著　Knopf 刊）
『ルシアン・フロイドとの朝食――描かれた人生』（ジョーディ・グレッグ著　小山太一／宮本朋子訳　みすず書房）

・ハーレムの天才少女ピアニスト　フィリッパ・スカイラー
『Composition in Black and White: The Life of Philippa Schuyler』（Kathryn Talalay 著　Oxford University Press 刊）

・カリスマ主婦デザイナー　ドロシー・ドレイパー
『The High Style of Dorothy Draper: An Exhibition at the Museum of the City of New York』（Donald Albrecht 著　Museum of the City of New York and Pointed Leaf Press 刊）
『Entertaining is Fun!: How to Be a Popular Hostess』（Dorothy Draper 著　Rizzoli 刊）
「The Draper Effect」（Wendy Goodman 文　雑誌「New York Magazine」March 15, 2006）

・ロック評論界のビッグ・ママ　リリアン・ロクソン
『Lillian Roxon: Mother of Rock』（Robert Milliken 著　Thunder's Mouth Press 刊）

・ロータスランドの女王　ガナ・ワルスカ

『Lotusland: A Photographic Odyssey』（Theodore Roosevelt Gardner II 著　Allen A. Knoll, Publishers 刊）
『世界変人型録』（ジェイ・ロバート・ナッシュ著　小鷹信光訳　草思社刊）

・ポップ・アートな修道女　コリータ・ケント

ウェブサイト「Corita Art Center」（https://www.corita.org）
『Come Alive!: The Spirited Art of Sister Corita』（Julie Ault 著　Four Corners Books 刊）
「シスター・コリータの授業」（岡本仁・文　雑誌「暮しの手帖」47　２０１０年８・９月号）
「Is The Vatican finally ready to get serious about women in the church?」（Paul Elie・文　雑誌「The New Yorker」March 3, 2021」）

・アフリカ系女性初のコミック作家　ジャッキー・オーメス

『Jackie Ormes: The First African American Woman Cartoonist』（Nancy Goldstein 著　The University of Michigan Press 刊）

・シャングリラを夢見たミリオネア　ドリス・デューク

『Trust No One: The Glamorous Life and Bizarre Death of Doris Duke』（Ted Schwarz and Tom Rybak 著　Vivisphere Publishing 刊）
「Doris Duke's Final Mystery」（Bob Colacello・文　雑誌「Vanity Fair」March, 1994）
「Homicide at Rough Point」（Peter Lance・文　雑誌「Vanity Fair」July 16, 2020）

・名声だけを求めたベストセラー作家　ジャクリーン・スザン

『Lovely Me: The Life of Jacqueline Susann』(Barbara Seaman 著　Seven Stories Press 刊)

『忘れやはするミス・ニューヨーカー』(常盤新平著　新書館刊)

『人形の谷間　上・下』(J・スーザン著　井上一夫訳　ヘラルド映画文庫・ヘラルド・エンタープライズ刊)

・ソフトコア・ポルノ映画の女性監督　ドリス・ウィッシュマン

「INTERVIEW: DORIS WISHMAN」(Andrea Juno・文『Re/Search#10: Incredibly Strange Films』Re/Search Publications 刊)

「Doris Wishman」(Kat Long・文　雑誌「Bust」Spring 2004)

「Doris Wishman」(ウェブサイト「MUBI」http://mubi.com/cast/doris-wishman)

「Doris Wishman」(Christopher J.Jarmick・文　ウェブサイト「Senses of Cinema」https://www.sensesofcinema.com/2002/great-directors/wishman/)

『ポルノ・ムービーの映像美学――エディソンからアンドリュー・ブレイクまで　視線と扇情の文化史』長澤均著　彩流社)

・バーレスク最後の女王　キャンディ・バー

『Candy Barr: The Small-Town Texas Runaway Who Became a Darling of the Mob and the Queen of Las Vegas Burlesque』(Ted Schwarz and Mardi Rustam 著　Taylor Trade Publishing 刊)

・消えたフォーク・シンガー　コニー・コンバース

「The musical mystery of Connie Converse」(Delfin Vigil・文　新聞「San Francisco Chronicle」March 8, 2009)

Connie Converse「How Sad, How Lovely」ライナーノーツ　Philip Converse, Gene Deitch・文

「My sis Connie」(Philip Converse・文　ウェブサイト「connieconverse.com」http://www.connieconverse.com/)

「Connie Converse's time has come」(Howard Fishman文　雑誌「The New Yorker」November 21, 2016)

・「ドラゴン・レディ」と呼ばれた女優　アンナ・メイ・ウォン

『Anna May Wong』(Graham Russell Gao Hodges著 Palgrave Macmillan刊)

「The Search for 'The Gallery of Madame Liu-Tsong'」(Nicole Chung・文 ウェブサイト「Vulture」September, 2017)

・悪魔に魂を売った作家　メアリー・マクレーン

『I Await the Devil's Coming』(Mary MacLane著　Melville House Publishing刊)

『I, Mary MacLane』(Mary MacLane著　Melville House Publishing刊)

ウェブサイト「The Mary MacLane Project」(http://www.marymaclane.com)

本書は二〇一一年三月にアスペクトより刊行された単行本『イノセント・ガールズ——20人の最低で最高の人生』に、大幅な加筆修正を加えたものです。

ちくま文庫

真似《まね》のできない女《おんな》たち
——21人《にん》の最低《さいてい》で最高《さいこう》の人生《じんせい》

二〇二二年四月十日　第一刷発行

著　者　山崎まどか（やまさき・まどか）

発行者　喜入冬子

発行所　株式会社　筑摩書房
東京都台東区蔵前二―五―三　〒一一一―八七五五
電話番号　〇三―五六八七―二六〇一（代表）

装幀者　安野光雅

印刷所　三松堂印刷株式会社

製本所　三松堂印刷株式会社

ISBN978-4-480-43731-0　C0195